Maurício Sampaio

influência
positiva

Pais & filhos:
construindo um futuro de sucesso

Copyright © 2013 by
Maurício Sampaio

Presidente
Reinaldo Domingos

Coordenadoras editoriais
Christine Baptista
Renata de Sá

Ilustrações
Luyse Costa

Revisão
Assertiva Produções Editoriais

Impressão
Meta Brasil

Todos os direitos desta edição reservadas à Editora DSOP.
Av. Paulista, 726 | Cj. 1210 | 12º andar
Bela Vista | CEP 01310-910 | São Paulo - SP
Tel.: 11 3177-7800
www.editoradsop.com.br

Dados Internacionais de Catalogação na Publicação (CIP)
(Câmara Brasileira do Livro, SP, Brasil)

Sampaio, Maurício
 Influência positiva : pais & filhos : construindo um futuro de sucesso / Maurício Sampaio. --
1. ed. -- São Paulo : DSOP Editora, 2013.

 ISBN 978-85-8276-026-0

 1. Educação de crianças 2. Papel dos pais
3. Pais e filhos 4. Relações familiares 5. Relações interpessoais I. Título.

13-08418   CDD-649.1

Índices para catálogo sistemático:

1. Pais e filhos : Educação familiar   649.1

influência**positiva**

agradecimentos

Toda conquista é sempre alcançada com muito esforço e dedicação, porém existe algo vital dentro desse processo: são as pessoas que cooperam direta e indiretamente para que um sonho se realize.

Eu gostaria de agradecer a muitas pessoas e tenho certeza de que elas, ao lerem este livro, vão entender que fazem parte dessa história.

Para algumas pessoas eu devo uma atenção especial neste momento. Quero deixar registrado à minha família o quanto é importante o seu apoio – minha esposa e meu filho, por constituírem a base da força do meu dia a dia; minha mãe e meu irmão, por serem amigos fiéis e alicerces do meu crescimento.

Gostaria de agradecer a todos os profissionais, grandes pessoas, que contaram um pouco de suas histórias pessoais para que o livro tomasse um corpo vivencial.

Quero agradecer a todos os profissionais com os quais convivo e os que tive o prazer de conhecer ao longo do meu caminho. Vocês me ajudam a construir a minha própria história.

Por último, quero, imensamente, agradecer à vida por nos colocar tantos desafios e oportunidades.

sumário

Prefácio — 8

Introdução — 11

Parte um – O momento da escolha do seu filho — 19
Entenda o universo de quem escolhe
O que o mundo do trabalho espera dos jovens
Compreenda as atitudes das novas gerações

Parte dois – Boas e más influências — 35
Entenda como as influências negativas podem atrapalhar
O poder das influências positivas
A hora certa de interferir

Parte três – O nascer de um talento — 55
Ajude seu filho a descobrir o talento dele desde cedo
Será que meu filho está fazendo a escolha certa?
Identifique o que motiva seu filho
Descubra a vocação de seu filho

Parte quatro – Estudar ainda é muito importante — 73
Entendendo o porquê do Enem
Ensino Técnico: uma boa opção
Ensino a distância é válido?
Obtendo apoio financeiro para a formação

influência**positiva**

Parte cinco – Participe do sucesso do seu filho — 89

Cobre resultados

Fale sobre dinheiro

Ajude seu filho a administrar o tempo

Parte seis – Quatro formas de contribuir com a escolha profissional — 105

Ajude a desenvolver o autoconhecimento

Realize pesquisas constantemente

Ajude a planejar e a agir

Promova a autoavaliação

Parte sete – Atitudes de pais de sucesso — 119

Atitude de vencedor

Atitude de treinador (*coach*)

Atitude de pai

Atitude de educador

Parte oito – A chance de ouro — 131

Aproveite esse momento para ser admirado

Ajude seu filho a se preparar para ter sucesso

Demonstre companheirismo

Desfrute da chance de ouro

Referências bibliográficas — 146

prefácio

Um dos maiores desafios da orientação vocacional e profissional está em lidar com as influências exercidas durante o processo, por amigos, parentes próximos e principalmente pelos pais. São influências às vezes positivas, mas muitas vezes negativas.

O livro *Influência Positiva* nasceu de uma necessidade de tratar um assunto muito importante, quase sempre negligenciado nas publicações referentes ao tema – a influência dos pais no sucesso dos filhos.

Os pais são peças fundamentais na construção de um grande projeto de vida de seus filhos. Pode até parecer, para alguns pais, que os filhos pouco se importam com suas opiniões e dicas, mas na verdade essa interferência tem um efeito devastador.

Durante anos de atendimento a adolescentes e jovens pude notar que, predominantemente, havia uma ausência inconsciente dos pais, uma espécie de tratamento que costumo chamar de Beatles *"let it be"*, ou seja, deixe acontecer. Muitos pais pouco se importam com o que os filhos vão escolher para suas vidas. Isso é muito bom para o espírito, porém na prática essa atitude mais atrapalha do que ajuda.

Por vezes me deparei com jovens que sentiam necessidade de ter os pais por perto nessa fase; apoiando, guiando, mas não decidindo – a ausência dos pais é muito percebida.

Este livro tem como objetivo contribuir com os pais que, realmente, querem construir uma história ao lado dos filhos, desejam resgatar a verdadeira amizade e ajudá-los a desenhar um futuro de sucesso.

Minha dica é que os pais leiam o livro capítulo após capítulo, pois ele segue uma sequência lógica, um método que já venho utilizando há anos. Peço ainda que apliquem seu conteúdo e as tarefas no dia a dia. Caso contrário, nada vai mudar, nada vai acontecer de diferente.

Entendo que muitos pais, hoje, trabalham mais que o necessário; dividir as tarefas familiares e tudo o mais exige muito tempo, porém isso não pode se tornar uma desculpa para a ausência declarada – é por meio das pequenas ações, nos pequenos espaços de tempo, que podemos fazer a diferença, e fazer diferente.

A grande chance – a chance de ouro, como costumo dizer – está em suas mãos. A partir da leitura do livro você pode mudar não só a sua história, mas a de alguém que o ama: seu filho.

Boa leitura!

Maurício Sampaio

introdução

Várias são as preocupações que os pais possuem em relação à formação de seus filhos, principalmente dos adolescentes e jovens, dentre elas: violência, estudo, sexualidade, drogas, amizades e, atualmente, tecnologia. A adolescência é uma fase marcada por mudanças significativas, tanto biológicas, hormonais, como sociais e atitudinais.

Com a chegada do filho ao final do Ensino Médio, mais uma questão vem à tona: o vestibular e a escolha profissional. Muitos jovens que estão terminando os estudos ficam mais preocupados com o futuro profissional, enquanto seus pais, com o projeto de vida dos filhos e o retorno de longos anos de investimento em estudos.

Diante dos desafios, muitos pais acabam buscando fórmulas para ajudar a preparar seus filhos para a vida ou, mais especificamente, para o mundo do trabalho.

> *Adoto o termo "mundo do trabalho" por ser mais amplo e não sugerir a conotação de segmentos ou mercados específicos. Mundo do trabalho compreende as profissões e suas diferentes formas de atuação: empregado, empregador, empreendedor, investidor e profissional liberal.*

Grande parte dos pais procura por escolas consideradas "fortes" ou, como se costuma dizer, de "ensino puxado", na esperança de que deem conta do que acreditam ser essencial: o vestibular. Investem, ainda, em cursos extras de informática, cursinhos pré-vestibular, inglês e em tudo aquilo que acreditam contribuir para a preparação do jovem e o posterior sucesso profissional.

Mesmo com todas essas ações e investimentos, nem sempre as coisas dão tão certo como se imagina; muitos jovens desistem do curso superior, abandonam a universidade logo nos primeiros meses e, em alguns casos, repetem essa façanha mais de uma vez, em diferentes cursos e universidades.

Para se ter uma ideia, a evasão universitária chega ao índice de 40% a 50%, sendo 30% dos casos referentes aos cursos da USP (Universidade de São Paulo), cujo vestibular é um dos mais concorridos do Brasil.

Alguns relatórios analisados nos exames de vestibular das universidades públicas, como UFRGS e UFSC, constataram que 25% a 30% dos alunos aprovados anualmente declararam já ter iniciado um curso superior. São números impressionantes se levarmos em consideração os quase 6 milhões de universitários. Penso no tempo gasto e no dinheiro jogado fora, e questiono, ainda, sobre o que poderia ter sido feito para que o resultado dessas estatísticas fosse diferente.

Diante desse cenário, muitos pais sentem-se incapacitados, desiludidos e questionam: "Onde eu errei?", "O que eu poderia ter feito para evitar que meu filho abandonasse a faculdade?", "Como posso ajudar?". Aqui vai a grande notícia: os pais podem fazer total diferença no futuro profissional dos filhos!

Segundo pesquisa realizada pelo Portal Educacional, 65% dos jovens em fase de vestibular e escolha profissional procuram a ajuda de seus pais.

O problema é que boa parte desses pais diz aos filhos, no momento da decisão profissional: "Escolha o que quiser". Outros tentam impor suas ideias, o que é um grande erro. O momento é de contribuir; não de destruir. Sim, destruir futuros talentos, profissionais realizados e pessoas felizes com sua ocupação. A influência positiva dos pais pode mudar completamente o rumo de uma triste história de fracasso e insucesso.

Quantos adultos, hoje, sofrem de depressão e outras doenças psicossomáticas por conta do trabalho? Aposto que você conhece algumas pessoas próximas que estão muito tristes e amarguradas porque ainda não conseguiram se realizar profissionalmente.

Tenho certeza de que ao perguntar a essas pessoas se seus pais contribuíram durante a fase mais delicada de suas vidas, isto é, durante a escolha profissional e o desenho de um grande projeto de vida, aposto que muitos diriam não. Aliás, muitos diriam que seus pais impuseram as próprias escolhas, e outros acusariam seus pais de terem feito a escolha por eles. É o que eu chamo de influências negativas.

No entanto, meu alerta neste livro não vai somente para os pais, mas para os educadores e as escolas que fazem parte desse processo. O sistema de ensino é falho em vários aspectos, principalmente no que diz respeito à preparação de seus alunos para o mundo do trabalho. Poucos são os casos de escolas que se preocupam com esta questão desde a infância. Você deve estar achando estranho... Infância? Sim, desde cedo as crianças deveriam ser preparadas, obviamente de acordo com suas condições cognitivas e de desenvolvimento, a lidar com aspectos fundamentais ao sucesso profissional. Mas isso não tem sido feito na maioria das instituições de ensino, infelizmente.

Recentemente, lendo um artigo em um grande jornal de circulação nacional, deparei-me com a entrevista de um CEO (*Chief Executive Officer*), e, pasmem, todos os pontos que ele colocou como essenciais para o seu sucesso infelizmente não são trabalhados na educação básica:

- Ser multicultural
- Ter multiplicidade de vivências
- Entender de pessoas
- Ter flexibilidade
- Desafiar a zona de conforto
- Possuir capacidade de reaprender
- Possuir capacidade de reinventar-se
- Ter humildade

Hoje possuímos um *gap*, isto é, um distanciamento entre o que se ensina nas escolas e nas universidades e o que o mercado exige. Estou falando de competências ou inteligências essenciais, que transcendem as questões técnicas. Saber tabuada, equações e tabela periódica é muito importante, pode garantir uma boa vaga em uma grande instituição superior de ensino, mas não garante o sucesso profissional, seja dentro ou fora de uma grande empresa.

É preciso que, além de uma orientação mais dirigida de pais e educadores quanto à escolha profissional, exista um novo olhar para a formação dos adolescentes e jovens, de forma integral, priorizando, também, seu ingresso no mundo do trabalho.

Este livro não pretende esgotar o assunto, tendo em vista sua enorme complexidade e a necessidade de buscar mais informações e estratégias, mas tem como objetivo instrumentalizar os pais que desejam contribuir com o processo de escolha profissional e o projeto de vida de seus filhos. Esta publicação é uma oportunidade para que os pais se aproximem, de forma assertiva, produtiva e prazerosa, dessa etapa tão importante da vida, transformando o problema em um grande desafio. Este livro é fruto de uma coleção de dúvidas, informações e histórias provenientes de mais de 5 mil horas de atendimento a pais, alunos, adolescentes, jovens e educadores, sendo composto por temas e dicas valiosas.

Nas próximas páginas, você vai conhecer histórias e depoimentos de profissionais de sucesso que tiveram em seus pais o alicerce para conquistar uma vida plena e o sucesso profissional. São empreendedores, profissionais liberais e grandes empresários que estão fazendo diferença no cenário nacional e internacional.

Lembre-se de que o novo mundo está apresentando um "mar" de oportunidades e possibilidades, e vocês, pais, podem contribuir muito para que seus filhos naveguem com segurança e obtenham sucesso no futuro. Se você deseja realmente contribuir e marcar presença na vida de seu filho, dê o exemplo: comece lendo este livro e leia-o até o final. Depois, divida seus aprendizados e conhecimentos, pois esse é o primeiro passo de uma grande parceria.

parte um

O momento da escolha do seu filho

> "Não é digno de saborear o mel aquele que se afasta da colmeia com medo das picadas de abelhas."
>
> Autor desconhecido

Entenda o universo de quem escolhe

Tenho certeza de que seu filho está passando por um dos momentos mais importantes da vida, e também o mais delicado – decidir o futuro profissional, escolher uma profissão, iniciar uma carreira e desenhar um grande projeto de vida. Parece muito cedo para acontecer isso tudo, mas é dessa forma que o mercado está funcionando. Costumo dizer aos jovens que eles foram emancipados por natureza. Tempos atrás, era comum observar que a média de idade de diretores e líderes empresariais era de 50 a 60 anos, enquanto hoje é de 30 a 40 anos. Estamos falando, portanto, de 15 a 20 anos de emancipação. Além disso, a população mundial vem aumentando vertiginosamente, assim como a população de jovens universitários ávidos pelo sucesso.

O mundo está em constante transformação, e a tecnologia alterou algumas formas de comunicação e de trabalho. Hoje, um jovem profissional chega a ter mais de dois chefes ao mesmo tempo e, às vezes, em diferentes partes do planeta. É a globalização intervindo em nosso cotidano!

A tecnologia também está criando uma "magia empreendedora": muitos jovens estão criando empresas milionárias, bilionárias, em pouco tempo, e isso pode interferir no processo de escolha profissional. Hoje é quase unanimidade entre os jovens pensar em criar uma empresa virtual, mesmo que ignorando seus riscos.

Outro ponto que dificulta bastante esse momento de escolha profissional diz respeito ao enorme número de cursos oferecidos.

> *O número de cursos superiores oferecidos no Brasil, nos últimos anos, passou da casa dos 200, e o número de instituições que oferece ensino superior já passou de 2.000.*

Além disso, novas modalidades de ensino superior foram implantadas pelo Ministério da Educação, e cada uma delas pode contribuir de forma diferenciada para a formação profissional. Novas ocupações estão sendo criadas para atender às demandas de novos mercados e setores em expansão. Outros "complicadores" também aparecem no momento dessa grande decisão e causam desconforto: escolher entre sucesso, fama ou satisfação pessoal; resultado financeiro ou paixão pelo ofício; agradar à sociedade ou a si próprio.

O *status* social nessa fase conta muito, e é por esse motivo que boa parte dos jovens está escolhendo sua futura profissão apenas com base nas conquistas financeiras que poderá experimentar. Escolhe, portanto, o curso superior levando em consideração apenas motivos externos, esquecendo-se do seu propósito. Pensar em resultados financeiros é muito bom, mas escolher uma profissão somente por esse motivo não é o melhor caminho.

Realmente, definir o futuro profissional, desenhar um projeto de vida num mundo em constante transformação e cheio de interferências não é algo simples de realizar.

Qualquer momento de escolha é muito especial. Sempre temos a sensação de que vamos perder algo, ou até, mais do que isso, achamos que uma escolha é para sempre. Por mais certos que você e seu filho estejam com as escolhas, elas ainda podem lhes causar mal-estar, sentimentos de perda ou de insegurança – parece que algo ainda está errado. Imagine, então, fazer uma escolha em uma fase da vida em que, praticamente, não se tem o controle próprio em decorrência de forças biológicas e hormonais; em que a personalidade está sendo construída.

Muitos aspectos estão envolvidos nesta fase – adolescência e juventude –, e todos eles, em maior ou menor grau, interferem no processo de escolha profissional. Separei alguns para ajudá-lo a entender essa etapa:

- O momento da escolha de uma profissão coincide com a fase do desenvolvimento na qual o jovem está se descobrindo novamente, está deixando as regras dos pais para formar as suas próprias. Por esse motivo, os pais são constantemente defrontados, desafiados;

- O jovem está definindo sua identidade pessoal e, ao mesmo tempo em que constrói sua identidade vocacional, começa a ter noção de suas aptidões e interesses;

- O jovem está buscando conhecer-se melhor: seus gostos, interesses e motivações. E isso ocorre muito mais com base em suas vivências do que com a pura realidade que o cerca;

- Nesta fase começam a aparecer os primeiros confrontos com os familiares, pois ambos os lados parecem não conhecer o processo que acontece por trás desse momento; assim, os adultos fogem dos adolescentes, e estes dos adultos, quando o contrário deveria ser o natural e o mais salutar;

- Os valores vivenciados surgem como fundamentais e vão reger todas as atitudes e ações no futuro próximo; sendo assim, o exemplo dos pais é muito importante;

- O jovem faz escolhas pelo momento que está vivendo, pois ainda é incapaz, sozinho, de visualizar o futuro e analisar consequências. É neste contexto que os pais podem contribuir;

- O jovem é facilmente influenciado em suas escolhas, pois o momento é muito mais social do que introspectivo, a não ser quando o assunto é paixão;

- O jovem busca inconscientemente por um sentido de vida. Por mais que isso não fique evidente, ele sabe que quer se dar bem, mas ainda não sabe com quem, de que forma;

- O jovem tem dificuldade de terminar um projeto, mas não de iniciá-lo;

- O jovem está num momento de passagem para a vida adulta, deixando de lado alguns prazeres que não mais terão espaço na nova fase. Isso causa um sentimento de perda chamado de "luto";

- O sentimento de perda toma conta de seus pensamentos, consciente e inconscientemente. Isso causa reações inusitadas, ora com atitudes adultas, ora agindo ainda como adolescente ou até mesmo criança, em alguns casos.

Os pais e a família são os principais agentes nessa construção vocacional. Conforme discurso de Andrade (1997), é no seio da família que se estabelecem os eixos de estruturação da personalidade ocupacional do indivíduo, além de se estruturarem as bases dos conceitos que, durante toda a vida, nortearão as relações do indivíduo com o mundo do trabalho.

Sendo assim, os pais precisam criar estratégias de cooperação, parceria. Em nada ajudará "bater de frente", pois o adolescente não será capaz de entender facilmente determinadas angústias dos pais. É preciso muita paciência e dedicação nessa fase.

coloque em prática!

Não pense que a escolha profissional de seu filho, assim como todos os conflitos que ela acarreta, é um problema. Trata-se de um processo natural de desenvolvimento, pelo qual também passamos e do qual quase nunca nos lembramos em detalhes. Encare com naturalidade, compreenda, e não somente entenda. Faça disso uma ponte, um gancho para iniciar reflexões e discussões salutares com seu filho, pois este é o melhor momento para estabelecer uma parceria. Inicie com pouca cobrança, aumentando-a aos poucos. Procure um lugar adequado para falar sobre o assunto. Evite conversar em pé e na correria, pois seu filho pode entender isso como falta de interesse de sua parte. O ideal é agendar um lanche, almoço, cinema; enfim, qualquer situação que possa dar início a um novo relacionamento, mais profissional, olho no olho.

O que o mundo do trabalho espera dos jovens

O mundo do trabalho está cada vez mais competitivo e exige um pacote de competências, além das habilidades técnicas que um jovem pode adquirir durante os estudos ao longo de sua vida. Esse fato vem se tornando não só objeto de muito estudo por cientistas em desenvolvimento humano, no mundo inteiro, como também mais um desafio às instituições de ensino, que, durante séculos, vêm priorizando conteúdo e desprezando o aprendizado de competências.

Até as grandes organizações, as mais renomadas empresas, estão pensando nesta questão das competências e, por isso, criaram suas próprias universidades, chamadas de corporativas, abertas ou livres, que têm como principal propósito preparar os jovens para adquirir competências para os novos desafios do mundo do trabalho.

Talvez você se sinta inseguro e desnorteado sobre como discutir esse assunto com seu filho. Nada mais natural, afinal o cenário das escolhas profissionais, assim como o mundo do trabalho, tem sofrido transformações constantes e muito rápidas nos últimos anos. É importante destacar que a tecnologia tem seu papel nessa história, pois tem transformado velozmente as formas de relacionamento e os negócios.

Segundo o dicionário Aurélio, competência diz respeito à pessoa que é capaz de apreciar e resolver certo assunto, fazer determinada tarefa; capacidade, habilidade, aptidão, idoneidade. Diz John C. Maxwell, renomado autor, guru e líder organizacional, que:

> *As empresas estão procurando e selecionando pessoas com competências pessoais que dão conta de ser adaptáveis, que consigam viver em equipe, em grupo. Que pratiquem a colaboração e busquem trabalhar em conjunto para um objetivo único. Um ser compromissado e com entusiasmo, capaz de se comunicar de forma consistente e com o coração. Competente, confiável, disciplinado e persistente.*

Para alguns autores e estudiosos, competência nada mais é que a inteligência. Alguns pesquisadores descobriram que podemos somar mais que somente uma inteligência, como é o caso de Howard Gardner, que descreve as Inteligências Múltiplas encontradas nos indivíduos:

- Inteligência musical
- Inteligência corporal-cinestésica
- Inteligência lógico-matemática
- Inteligência linguística
- Inteligência espacial
- Inteligencia interpessoal
- Inteligência intrapessoal

Na verdade, o que Gardner quer dizer é que cada indivíduo possui um tipo de inteligência, competência e habilidade, as quais podem ser potencializadas ao longo da vida.

Eu costumo dividir as competências em dois grupos específicos: no primeiro grupo, as mais técnicas, que geralmente são aprendidas, sobretudo, nos treinamentos e cursos de formação técnica, tais como: técnicas de venda, planejamento estratégico, planejamento de *marketing*, desenvolvimento de *website*, controle financeiro, comunicação e outras.

No segundo grupo estão as não técnicas e as mais negligenciadas pelos sistemas educacionais e por boa parte das famílias. São as que eu chamo de competências emocionais e sociais, que dizem respeito a ser ético, honesto, flexível, justo, motivado, persistente, compromissado, harmonioso, atencioso. Indivíduos que possuem autoconhecimento, autocontrole, autoconsciência, proatividade, são sociáveis, responsáveis social e ambientalmente, além de possuir alto grau de conexão com outras pessoas. Aliás, muitos dos problemas enfrentados por grande parte dos adolescentes, jovens e adultos em relação ao *bullying* diz respeito à falta dessas competências.

Uma recente pesquisa realizada por uma grande consultoria mundial, a McKinsey, apontou as qualidades buscadas pelas empresas nos jovens profissionais, assim como o que elas consideram importante em termos de competências:

- **Comunicação e idiomas** – domínio da língua local, conhecimento do inglês, comunicação oral e comunicação escrita;

- **Liderança** – ética, trabalho em equipe e liderança (saber influenciar as pessoas, inspirar, motivar);

- **Pensamento criativo** – criatividade (fugir de fórmulas batidas para resolver problemas) e resolução de problemas (lidar com conflitos);

- **Competências técnicas** – computação, matemática básica, conhecimento teórico e prático.

Os pais também exercem um papel importante nessa formação, pois muitas habilidades e competências começam a ser desenvolvidas precocemente por meio de exemplos do dia a dia e do convívio social e cultural, principalmente pela educação dada pelos pais. Cabe lembrar que os principais agentes da educação são os pais; a escola tem o dever de ensinar.

Não peço, contudo, a vocês, pais, que ajudem seus filhos a desenvolver todas as habilidades e competências de forma esplendorosa, até porque, em algumas com certeza seu filho já deve se destacar, possuir um talento nato. Boa parte delas será aprendida no decorrer dos estudos e em suas diferentes etapas; outras, ainda, virão com o tempo, com a experiência de vida e, principalmente, com os exemplos dos pais.

coloque em prática!

O mais importante no desenvolvimento das competências é observá-las, reforçá-las e aplaudi-las, pois sua ajuda e apoio nesse processo de formação emocional e social farão toda a diferença no futuro profissional de seu filho. Algumas ações simples e caseiras podem contribuir muito: o almoço ou o jantar em família – que foi deixado de lado em boa parte das residências, passeios culturais (cinema/teatro/museu/parque), filmes (sejam em DVD ou no cinema), jogos de tabuleiro, leitura de jornal ou revista e discussões sobre determinados assuntos do cotidiano que interessem a todos. Participar com seu filho de um programa de responsabilidade social, como voluntário, é valioso. Esses detalhes podem contribuir para o desenvolvimento de diferentes competências e inteligências.

Compreenda as atitudes das novas gerações

Você deve ter notado que muitas coisas mudaram nos últimos 15 anos, e deve ter percebido que o mundo não anda mais na mesma velocidade, apesar de o tempo, cronologicamente, continuar o mesmo. Talvez você esteja com dificuldade de entender o porquê dessas mudanças, principalmente no que diz respeito ao comportamento dos mais jovens. Saiba que você não está sozinho nesse desafio. Todos – pais, educadores e líderes – estão tentando entender o novo comportamento estabelecido pelas novas gerações.

Muito se tem falado sobre as novas gerações, mas quem são elas? Como são formadas? Em que período de tempo? Que impactos podem produzir na sociedade? E para os pais, a família, o que podem representar? No dicionário Aurélio, a palavra "geração" é definida como a função pela qual os seres organizados se reproduzem. "Série de organismos semelhantes que se originam uns dos outros. Linhagem, ascendência, genealogia. Espaço de tempo que separa cada grau de filiação. Qualquer fase necessária para manter a sobrevivência de uma espécie."

Calculava-se que o tempo médio para a formação de uma nova geração fosse de 20 a 25 anos, porém, nos últimos anos, tivemos uma espécie de aceleração do tempo, promovida principalmente pelo advento tecnológico e pelas conexões em rede – internet. Esse movimento transformou rapidamente a maneira como lidamos com aspectos triviais do cotidiano: comunicação, relacionamento e trabalho. A tecnologia tornou-se um ponto decisivo na marcação do tempo.

O intervalo entre uma geração e a formação de outra diminuiu, tornou-se mais curto. Atualmente, fala-se que uma geração é separada de outra pelo período de 10 anos. Isso significa que mais pessoas de diferentes gerações estão convivendo em casa, na escola e no trabalho.

O termo "geração" e suas designações representativas – BB, X, Y e Z – são estipulados para determinar um período característico de tempo. É muito importante entender os acontecimentos que marcaram a formação dessas gerações para desvendar as expectativas e necessidades atuais.

Na década de 40, após a Segunda Guerra Mundial, muitas mulheres engravidaram em decorrência do retorno dos soldados para suas casas. Houve um verdadeiro *boom* de nascimento de bebês. Assim surgiu a chamada geração Baby Boomer, marcada pela constante busca de paz, harmonia e valorização pessoal. No Brasil, essa foi a geração que lutou contra a ditadura, a geração da Bossa Nova, dos festivais de música, da luta pela liberdade de expressão. Em relação ao trabalho, foi a geração da responsabilidade, da fidelidade, do respeito à hierarquia e da manutenção de cargo e ocupação durante anos na mesma empresa. Atualmente, membros dessa geração ocupam a maioria dos cargos de chefia, diretoria e presidência das empresas.

Após essa época, assistimos ao nascimento da geração X, marcada pela indefinição e transição. No Brasil, essa geração conheceu a *Aids*, participou da campanha pelas Diretas Já, pintou a cara e foi para as ruas. Posteriormente, assistiu ao *impeachment* de um dos presidentes mais jovens da nossa história. Foi a geração que assistiu a chegada da tecnologia e foi, ainda, marcada pela possibilidade de conquista e acúmulo de bens como forma de gratificação por seus esforços.

Da próxima geração que vou abordar, certamente você já ouviu falar. Segundo Sidnei Oliveira, em sua publicação *Geração Y*, o batismo desse grupo se deve a um fato curioso. Quando a antiga União Soviética exercia forte influência sobre países de regime comunista, chegava a definir a primeira letra dos nomes que deveriam ser dados aos bebês nascidos em determinados períodos. Nos anos 1980 e 1990, a letra principal era o Y. Isso não teve muita influência no mundo ocidental e capitalista, porém, posteriormente, muitos estudiosos adotaram essa letra para designar os jovens nascidos naquele período. Surgia, assim, o termo geração Y.

A geração Y foi marcada pela chegada da internet e suas possibilidades. Hoje, desfruta dos desbravamentos das gerações passadas. A esses jovens foram dadas as possibilidades de exercer seu eu, sua própria forma de pensar e agir.

Provavelmente seu filho, caso esteja em idade escolar, faz parte da geração Z. Uma geração que já nasceu no mundo tecnológico, que possui um alto grau de captação de múltiplas informações e é multitarefas, isto é, capaz de realizar diversas coisas ao mesmo tempo. Aliás, para muitos desentendidos, esses indivíduos sofrem de transtorno do déficit de atenção com hiperatividade (TDAH). Canso de ver casos de alunos absolutamente normais para sua idade e para as características de sua geração que estão sendo tratados como doentes, tomando doses pesadas de remédios considerados perigosos, se mal utilizados.

> *Segundo pesquisa realizada entre agosto de 2009 e julho de 2010, as gerações são divididas no Brasil da seguinte forma: os Baby Boomer, que possuem mais de 46 anos de idade, ocupam 27% da população, totalizando 17,6 milhões de pessoas. A geração X, entre 30 e 45 anos, corresponde a 32% da população, ou seja, 20,7 milhões de pessoas. A geração Y, com idade entre 20 e 29 anos, soma 23% da população, o que totaliza 15,3 milhões de pessoas. Por último, a geração Z, com idade entre 12 e 19 anos, corresponde a 18% da população, totalizando 11,6 milhões de pessoas.*

Atualmente, o maior desafio é a convivência entre todas as gerações no mesmo ambiente – na escola, na universidade e no trabalho, pois cada uma traz consigo características específicas, marcantes. Precisamos compreender que aquela velha história de "no meu tempo isso era melhor!" não condiz com a realidade. Esse discurso apenas contribui para o aumento da angústia de todos que têm de conviver com as diferenças.

Entender o contexto do surgimento de cada geração, assim como suas influências, pode ser o primeiro passo para uma convivência harmoniosa. Respeito e compreensão, além de aceitação, são palavras que devem estar presentes no dicionário do nosso cotidiano.

Muitos discursos realizados em relação às novas gerações tratam exclusivamente do lado negativo, destacando a prepotência, a autoestima exacerbada e os mimos. Talvez eu até concorde com essas características, mas certamente as gerações anteriores também tiveram seus momentos de rebeldia ou de chamar a atenção para algo novo, para a necessidade de uma mudança. É importante compreender as forças que impulsionam as novas gerações. São elas que estão invadindo os ambientes de trabalho, as escolas e as universidades, e é com elas que você, pai e/ou professor, deverá conviver nos próximos anos.

coloque em prática!

- *Procure observar seu filho mais de perto, nos detalhes, além de entender seu comportamento como algo de seu tempo, não como uma afronta.*

- *Crie pontos de contato com ele. Para isso, utilize a tecnologia, pois com ela você pode acessar várias estratégias de aproximação.*

- *As mídias sociais fazem parte da vida das novas gerações. Portanto, se você ainda não entende do assunto, peça a seu filho que lhe ensine. Essa é uma forma interessante de dizer: "Estamos juntos".*

- *Tenha muita paciência e humildade para aprender, afinal parece que essas novas gerações já nasceram conectadas com o universo.*

parte dois

Boas e más influências

> "O que o homem superior procura está dentro dele mesmo; o que o homem medíocre procura está nos outros."
>
> François La Rochefoucauld

Entenda como as influências negativas podem atrapalhar

Na fase da escolha profissional e da realização dos projetos pessoais, o indivíduo é influenciado por demandas internas (autoconceito, desejos, valores, necessidades, interesses, aspirações e motivações) e externas (pressão dos pais, amigos, parentes próximos; oportunidades de mercado; modismo; tendências). Neste capítulo, vamos saber como as influências externas negativas podem prejudicar o processo em si, e as positivas podem agregar valor aos resultados finais.

As interferências são comuns nesta fase de escolha profissional; amigos, irmãos, primos; o pessoal do clube, do futebol, da balada; e, principalmente, os familiares. De certa forma, todos influenciam, em menor ou maior grau. A influência nem sempre é negativa: em alguns casos, o processo é natural e sadio – numa família de professores, por exemplo, os filhos podem acabar se tornando grandes mestres, descobrindo em si mesmos o talento e a motivação para lecionar. Em outros casos, podem haver experiências desastrosas, que se estendem ao longo do tempo, porque a opção não é feita por vontade própria, mas como um caminho de fuga e comodismo, ou mesmo por receio de magoar alguém querido, geralmente os pais.

Nessa etapa, a maioria dos jovens se sente insegura diante de tantas opções e oportunidades, por isso parte para pesquisar a opinião de colegas, parentes e, principalmente, dos pais. Provavelmente seu filho já deve ter perguntado sua opinião. Isso é muito importante, porém muitos jovens acabam mudando sua escolha por conta de palpites alheios ou do excesso de informações contraditórias. Várias são as situações que podem exercer influência no momento da escolha, porém a que causa maior impacto é a opinião dos pais.

Muitos pais desejam que seus filhos deem continuidade à sua profissão. Esses geralmente tiveram sucesso com suas escolhas, sentem-se felizes e realizados. Outros possuem um grande desafio para os filhos: prepará-los para assumir o seu sonho, dar continuidade a seus negócios. É o que conhecemos como processo de sucessão familiar. Estima-se que no Brasil 85% das empresas sejam familiares, segundo dados do Sebrae. A maioria nasceu de um sonho, de uma grande ideia e vários desejos, entre eles o de deixar um legado aos filhos, às futuras gerações.

Os pais empresários acreditam que ao deixar uma empresa ou um negócio para seus filhos estão assegurando-lhes uma vida digna e sem grandes dificuldades, além de boa moradia, bons estudos e assistência médica. Porém, nem sempre essa atitude funciona, pois às vezes os filhos querem construir seus próprios sonhos, não gostam do que seus pais fazem, querem independência financeira e familiar.

Na outra direção, existem pais que entendem que essa fase de escolha é um momento muito delicado e especial para os adolescentes. Ela representa o início da vida adulta. Esses pais permitem que os filhos descubram e mostrem seus interesses pessoais e suas aptidões. Compreendem que os filhos devem assumir as rédeas de suas próprias vidas, criando sua identidade e construindo seu futuro.

Certamente, todo pai e toda mãe deseja o melhor para seus filhos e alegra-se em compartilhar sonhos. Mas, antes de tudo, devemos entender que todo ser humano possui sua própria história.

Hoje, vivemos em uma sociedade na qual a grande maioria das pessoas vive infeliz profissionalmente, e um dos motivos dessa situação é de que as gerações anteriores não tiveram a chance de escolher seus próprios caminhos, seja por falta de opções ou por imposição de seus pais. Porém, esse cenário mudou. As oportunidades estão infinitamente maiores, e os pais, mais abertos ao diálogo. Contudo, em um futuro breve, continuaremos a encontrar profissionais infelizes em decorrência da grande influência do consumismo sobre eles. Muitos optarão por carreiras que lhes permitam ter um bom carro, uma bela casa, viajar, comprar roupas de grife, ter um celular de última geração, computador, *notebook* e outros. Vivemos numa verdadeira competição em relação à aquisição de tecnologia: a cada minuto são lançados no mercado novos produtos, com recursos cada vez mais instigantes. A consequência é que, muitas vezes, as escolhas profissionais são feitas com base no "conquistar", em detrimento do "realizar".

As novas oportunidades tecnológicas também estão influenciando as decisões, interferindo nelas; a mídia tem mostrado muitos jovens que se tornaram milionários do dia para a noite na internet. Veja o caso de Mark Zuckerberg, estudante norte-americano, programador, mundialmente conhecido por ser um dos fundadores do Facebook, a maior rede social do mundo. Zuckerberg, como ficou conhecido, fundou o Facebook em 2004, junto com Dustin Moskovitz, o brasileiro Eduardo Saverin e Chris Hughes, todos estudantes da Universidade de Harvard. No ano de 2010, Zuckerberg foi aclamado pela revista Time como a "Pessoa do Ano". Em março de 2011, a revista Forbes o colocou na 36ª posição na lista das pessoas mais ricas do mundo, com uma fortuna estimada em 17,5 bilhões de dólares. Como ele, outros tantos jovens ao redor do mundo estão construindo negócios mundiais e impérios financeiros.

Muitos pais ainda são avessos à tecnologia, não fazem questão de que seus filhos "percam seu tempo" com ela, porém posso lhe dizer que a internet não é mais uma "modinha": a tecnologia está aí e veio para ficar. Até as profissões consideradas mais tradicionais já estão adotando a tecnologia como apoio. Vejamos o caso da medicina, que se utiliza da robótica para realizar cirurgias. Muitos trabalhos são realizados com a genética humana com o intuito de salvar vidas.

Novas profissões estão surgindo com o advento da tecnologia, o que cria um impacto nas escolhas. Profissões jamais pensadas há alguns anos são consideradas promissoras e rentáveis atualmente.

Outro aspecto que vem influenciando as escolhas profissionais são os movimentos de mercado. O que estou colocando não é resultado de uma pesquisa científica, embora pudesse ser, mas deve servir de base para reflexões. Empiricamente, alguns mercados têm demonstrado, por meio de números, que movimentos contrários aos já estabelecidos em um processo de escolha de profissão estão cada vez mais rotineiros, ou seja, o mercado está ditando as escolhas. Um exemplo é o curso de Relações Públicas da Pontifícia Universidade Católica de São Paulo (PUC-SP). O curso teve um crescimento expressivo em sua procura, resultante do aumento da demanda por profissionais brasileiros no exterior. Dados do Banco Central dão conta de um investimento da ordem de 20 bilhões de dólares, feito por empresas brasileiras em outros países, só no ano de 2008, o que aumentou as oportunidades para novos profissionais. Outros casos interessantes acontecem nos setores de infraestrutura, construção e indústria digital. Em alguns deles, a briga é muito grande por profissionais especializados.

Para os pais que desejam ajudar os seus filhos com a escolha profissional, e eu tenho certeza de que esse é o seu caso, o melhor a fazer é estabelecer um constante diálogo, estar sempre ao lado deles, entender seus desejos e ajudar a desvendar essas mudanças da vida, utilizando sua experiência e vivência. Lembre-se de que seu filho é dono de seu próprio futuro e que uma escolha dos pais pode colocar em risco a saúde e a felicidade dos filhos.

influência
positiva

Artur Hipólito

Sócio-diretor das redes de microfranquias do Grupo Zaiom e Tutores, que conta com mais de 500 franqueados em todo o país.

Quando jovem, meu sonho e objetivo profissional eram trabalhar em um grande banco estatal brasileiro. Passei parte da minha infância vendo minha mãe falar com aqueles profissionais, que se vestiam de forma elegante, sobre os seus valores e respeito diante da nossa sociedade, que era de uma pequena cidade do interior de Minas Gerais. Tal sonho virou realidade e pude experimentar na prática aquilo que, olhando para trás, não sei dizer se era meu próprio sonho ou o de minha mãe. O fato é que ele foi realizado.

Por meio desse sonho que se tornou realidade, pude aprender valores, missão e objetivos importantes, que permeiam a minha vida até hoje. Formei-me em direito e aprendi muito sobre o mundo empresarial, as questões que envolvem o ambiente corporativo e como construir uma carreira com ética, respeito e honestidade.

Mas os anos se passaram, e os tempos se tornaram outros. Durante um programa de demissão voluntária, me somei aos milhares que deixaram seus empregos, voltando-me

influência **positiva**

para o mundo do empreendedorismo. Assim, tive a oportunidade de relembrar meus primeiros trabalhos como artesão, ainda criança, e vendedor de pulseiras que encantavam os cabeludos daquela época. Tal visão me aproximou do meu pai, que sempre viveu de suas atividades empreendedoras, o que me mostrou, por meio das lembranças do passado, que o futuro seria possível, já que meu pai e minha mãe nunca foram funcionários públicos, tampouco lograram êxito nas letras, mas, com trabalho e determinação, vivendo da prestação de serviços, construíram nossa família, da qual eu me orgulho muito.

Depois de experimentar o mundo do empreendedorismo, pude sentir a frustração de um negócio malsucedido, que me levou a voltar ao mundo do emprego. Novamente, lembrei-me do meu pai, que, em 1979, viu sua pequena fabriqueta de calçados ser levada rio abaixo por uma enchente de proporções violentas que atingiu a minha cidade. Porém, conseguiu reconstruir o negócio com o próprio esforço, sem contar com nenhuma ajuda ou verba pública, razão pela qual me fez pensar: "se ele conseguiu, eu também posso".

O fato é que, hoje, quando penso nas mais de 500 franquias que estão em operação em todo o país, lembro do exemplo de meu pai e minha mãe, que de alguma forma me inspiraram na minha formação, no meu caráter e, por fim, no meu empreendedorismo através do exemplo, pois sei que as palavras convencem, mas o exemplo arrasta. Obrigado, meus pais.

coloque em prática!

Pergunte-se: quanto você acredita estar interferindo na decisão do seu filho? Converse com ele a respeito do assunto. Se sua posição é a liberdade de escolha, então deixe isso claro. Ajude seu filho a encontrar os prós e contras de sua escolha, mesmo que ela não lhe satisfaça. Eu entendo que essa atitude é difícil para um pai, mas você estará dando uma grande contribuição. Cuidado com os palpites relacionados e condicionados à questão financeira. Procure identificar o que seu filho sabe da realidade da profissão escolhida.

O poder das influências positivas

Infelizmente, ainda hoje existem pais que fazem chantagem emocional: "Filho, eu ficaria muito feliz se você cuidasse do nosso negócio", "Filho, vou dormir mais tranquilo sabendo que você vai escolher minha profissão!".

Outros utilizam o momento da escolha profissional como moeda de troca: "Pense bem, filho, estou lhe dando a chance de ter uma vida boa, dinheiro, possibilidade de comprar seu próprio carro", "Filho, pra que se matar de trabalhar se você já tem seu próprio negócio?".

Segundo Ramos e Rodrigues (1997), a escolha profissional é um processo histórico, cujas inscrições estão presentes nas expectativas criadas em torno do filho, antes mesmo de ele nascer.

Por outro lado, existem pais que entendem que esse é um momento muito especial, quando seus filhos estão entrando para a vida adulta, e tudo de que precisam é um tempo para se descobrirem, mostrarem seus interesses e aptidões. É o que chamamos de maturidade para a escolha profissional. Esses pais querem que os filhos assumam as rédeas de suas próprias vidas, criem sua identidade e construam seu próprio sonho, ou, se decidirem continuar sonhando o sonho de seus pais, que o façam de livre escolha.

Provavelmente você, pai, já tenha alcançado seus objetivos profissionais: ganhou dinheiro, teve uma carreira ascendente, criou um grande e inusitado negócio, foi bem-sucedido em sua profissão e obteve o equilíbrio para uma vida saudável. Tenho certeza de que a sua grande motivação de realizar tudo isso foi seu filho. Na verdade, o que talvez você tenha procurado não era simplesmente realizar seus sonhos, mas oferecer uma vida digna à sua família, proporcionando aos seus filhos bons estudos, assistência médica, alimentação e bem-estar. Esse movimento de proteção é natural, um instinto que herdamos.

Existe uma forte tendência de os filhos se espelharem na profissão dos pais, pois desejam a qualquer custo ter uma vida parecida com a de seus genitores. Nesse caso, muitas vezes, são os pais que não fazem questão de que isso aconteça, pois querem que os filhos construam o seu próprio caminho. Essa equação entre vontades e desejos não é tão simples de resolver, mas é possível. Para os pais é importante identificar se realmente seus filhos querem seguir a mesma profissão ou se é apenas uma questão de idolatria. Vários são os casos de jovens que resolveram apostar na profissão dos pais e obtiveram êxito; isso é salutar. Mas muitos adultos que apostaram nessa forma de escolha pagam, hoje, um preço muito alto.

> *Segundo recentes pesquisas realizadas pela* Research Stress Management, *no Brasil o nível de insatisfação profissional chega a quase 85%, um índice muito alto. Infelizmente, grande parte das pessoas se dá conta disso somente depois de muitos anos, quando percebem que ainda não se sentem realizadas, passando a viver angustiadas, desmotivadas e desanimadas. Isso quase sempre resulta em doenças, como estresse, síndrome do pânico e depressão. Aposto que você não deseja isso aos seus filhos, certo?*

Muitos jovens escolhem a profissão dos pais por preguiça de pensar e correr atrás de algo novo; isso é muito comum principalmente nas classes sociais mais elevadas. Existe uma propensão de os filhos acharem que o jogo já está ganho e que a profissão dos pais é uma espécie de seguro de vida, porém não é assim que funciona, na maioria das vezes. Pais e filhos ficam desiludidos mais tarde por terem perdido tempo e esforço, e nada ter sido como pensaram e planejaram.

Geralmente, quando os filhos optam por seguir a mesma carreira dos pais, sofrem mais cobranças. Eu tive a experiência de seguir a carreira de minha mãe em sua escola. Nos primeiros anos em que iniciei minhas atividades de forma mais intensa, notei que teria que provar muita coisa para minha mãe e para os seus funcionários, que já estavam acostumados ao estilo dela de trabalho. Costumo dizer aos jovens, em minhas palestras, que aqueles que desejam seguir os negócios ou a mesma profissão de seus pais precisam se dedicar em dobro.

A Universidade Anhembi Morumbi realizou uma pesquisa com alunos do Ensino Médio da capital e da Grande São Paulo, com o objetivo de traçar o perfil dos vestibulandos e mostrar como eles fazem suas escolhas. O estudo ouviu cerca de 20 mil estudantes de escolas públicas e particulares. O resultado mostra que 56% deles já haviam escolhido a carreira a seguir. Por outro lado, a maioria ainda tem dúvidas sobre o mercado de trabalho. Outro resultado curioso mostra que os jovens da rede pública são mais decididos em relação à profissão. A família continua sendo decisiva na escolha: 35% dos alunos seguirão os pais.

Existem pais que valorizam sua própria profissão, são gratos pelo retorno recebido e só falam do trabalho de forma positiva quando estão no ambiente familiar. Provavelmente, esses pais conseguirão gerar muito interesse nos filhos, e, se algum dia eles seguirem o mesmo caminho profissional, pode ter certeza de que essa atitude positiva contou muito.

influência positiva

Célio Antunes de Souza
Presidente do Grupo Impacta de Tecnologia

Meu nome é Célio Antunes de Souza, sou um empreendedor desde criança. Meu pai foi funcionário público, mas sempre teve vontade de empreender. Chegou a abrir alguns negócios depois que se aposentou, e essa característica foi passada para mim.

Desde que me conheço por gente, lembro-me dele dizendo que eu seria um grande empresário, e acho que isso ele impregnou na minha alma.

influência
positiva

Ele sempre me mostrou o valor do trabalho e do fazer por merecer, tanto é que eu só recebia mesada quando realizava algo, como não faltar nos treinos de natação, engraxar os sapatos da família etc.

Aos nove anos de idade, formei-me em datilografia e comecei a escrever um jornalzinho de fofocas. Nele eu contava todos os romances dos meninos e das meninas da pequena cidade em que vivia, no interior de São Paulo.

Eu tirava cópias em ma máquina chamada mimeógrafo (à base de álcool) e ia de casa em casa vender o jornal para as mães. Claro que elas ficavam sabendo o que se passava com suas filhas. Por isso, certo dia mais de 60 meninas tentaram me pegar na escola, mas eu consegui escapar.

Bem, esse foi o começo de tudo.

Sou engenheiro eletrônico, analista de sistemas e administrador de empresas. Fundei o Grupo Educacional Impacta de Tecnologia, eleito o maior no ensino e na certificação de TI da América Latina, pelo quinto ano consecutivo.

Com mais de 700 colaboradores, o Grupo Impacta capacita mais de 25 mil empresas e mais de 700 mil alunos por meio do CCTI (Centro de Certificação e Treinamento Impacta), do Colégio Impacta e da Faculdade Impacta.

> **coloque em prática!**
>
> *É muito importante, caso você tenha essa oportunidade, levar seus filhos para conhecer o seu trabalho e, quem sabe, começar a passar algumas responsabilidades a eles, desde que sejam previamente conversadas, explicadas e programadas, como numa espécie de estágio. Levar os filhos para o trabalho e deixá-los sem nada a fazer só vai criar um efeito negativo; o certo é oferecer alguma atividade para que se sintam parte do negócio, para que, de fato, experimentem a ocupação dos pais.*
>
> *Evite ao máximo criticar com veemência sua profissão e seu negócio, principalmente se você deseja passar o bastão para seus filhos. Nosso cérebro é dotado de muita inteligência: a qualquer sinal de dor ele se põe em estado de alerta e proteção, ficando mais suscetível ao julgamento.*

A hora certa de interferir

Qual é a hora certa de interferir, de ajudar, de dar apoio aos filhos? Geralmente os pais ficam esperando até o final do Ensino Médio, para que os filhos tomem uma atitude em relação à escolha profissional, à universidade e ao curso que pretendem seguir. Muitos estudantes deixam para pensar no futuro profissional apenas na última semana de aula. Passam o ano inteiro estudando, mas na hora do vestibular não sabem que curso escolher, causando angústia e preocupação nos pais.

Os pais querem ajudar nessa fase, e acredito que você seja um deles, mas se sentem inseguros em dar sua opinião, não sabem se vão atrapalhar, interferindo demais, ou se deixam rolar. Você pode estar com dificuldade de escolher a hora certa de dar o seu palpite, ou mesmo pode estar se perguntado se vale a pena expor sua opinião e dar conselhos.

Como já vimos anteriormente, seu filho pode estar sofrendo diversas influências. Além disso, nessa fase boa parte dos adolescentes não se sente confortável em conversar sobre assuntos mais sérios com os pais. Porém, tenha certeza de que o que o seu filho mais espera é sua contribuição, e ela tem que ser dada na hora certa. Cansei de escutar dos alunos de que seus pais não estavam nem aí para suas escolhas e que por isso se sentiam perdidos e sem apoio.

A adolescência é uma fase na qual se faz necessária a presença dos pais. É nesse momento que começam as preocupações quanto à formação acadêmica e o futuro profissional. Isso já acontece durante o nono ano do Ensino Fundamental, quando muitos alunos desejam entrar para a escola técnica. É o início do processo de decisão e de escolha profissional.

Muitos pais perdem a chance, nessa fase, de passar sua experiência sem impor comportamentos e atitudes. Entendo que nós, pais, queremos sempre o melhor para os filhos – protegendo-os o quanto puderem. Nada de errado com isso, mas devemos escutar seus interesses e suas motivações. Isso fará com que criemos filhos com autonomia suficiente para decisões futuras; é o que chamamos de amadurecimento.

A melhor hora de interferir, direta e positivamente, é quando o seu humor está em alta – aliás, essa regra serve para todos os seres humanos. A grande maioria dos adolescentes apresenta picos negativos e positivos de humor, ao extremo. Quando chateados ficam muito tristes, porém quando alegres ficam muito felizes, e esse é o momento. Basta uma simples avaliação durante alguns dias para perceber a hora certa, o momento certo.

Muitos pais chamam seus filhos para uma conversa séria no pior momento, e ainda brigam com eles dizendo que não têm motivos para estar chateados, pois fazem tudo por eles. É o famoso "jogar na cara".

Para obter resultado em qualquer diálogo, seja com crianças, adolescentes, jovens ou adultos, você deve realizá-lo no momento certo, com a postura correta. Muitos líderes e chefes querem conversar sobre assuntos muito importantes com seus funcionários e colaboradores em pé, no corredor da empresa, assim como muitos pais conversam com seus filhos com uma mão na porta de casa, quando estão saindo para o trabalho. E ainda aproveitam para dar aquela bronquinha básica: "preste atenção na aula" ou "vá escolher sua faculdade", acreditando que somente isso vai resolver. Nada substitui a atenção, a dedicação, o olhar nos olhos e o acompanhamento sistêmico, ou seja, a rotina do diálogo. Escolha a hora certa de ajudar, assim como o lugar, o ambiente e o momento, e desfrute desse prazer de contribuir.

influência **positiva**

José Luís Tejon
Palestrante e autor best-seller

Meu pai e minha mãe são pais adotivos. Minha mãe biológica, a fim de garantir a minha sobrevivência, fugiu da Espanha nos anos 50. Era mãe solteira. Devo minha vida a ela. E devo minha criação aos meus pais adotivos, Rosa e Antônio, dois imigrantes que se encontraram e casaram na cidade de Santos, portal obrigatório da mistura das raças, de imigrantes do

influência **positiva**

mundo inteiro, que vinham carregados da esperança de uma vida melhor nos trópicos brasileiros.

Rosa e Antônio não me fizeram como eles, não procuraram me educar para copiar seus modelos mentais. Ao contrário, semianalfabetos, gente rústica da simplicidade da sabedoria do viver, faziam com que eu me preparasse para o mundo lá fora. Queriam que eu enfrentasse a vida, as dificuldades, os adversários e que eu fosse forte para não temer bullying de qualquer espécie.

Meu pai, Antônio, de Portugal, me ensinou a arte da luta de pau, para que me defendesse na rua, e me mostrava que viver era saber saltar no mar antes que as ondas me derrubassem. E minha mãe, Rosa, filha de alemães da colônia de Canastra, no Rio Grande do Sul, me arrancava do fundo do meu quintal, onde me escondia por medo, traumatizado por um terrível acidente que sofri aos 4 anos de idade. Ela dizia: "Venha, venha ajudar sua mãe na feira, você é o único menino que não ajuda sua mãe na feira, e as vizinhas estão dizendo que eu não sei educá-lo. Venha ajudar sua mãe".

Com essa doce insistência, a mãe Rosa me levou para a feira e me fez prestar atenção nas batatas; não no burburinho das pessoas. E assim dei meus primeiros passos e conquistei coragem.

influência **positiva**

Nada pode ser comparado ao que um pai e uma mãe fazem com suas crianças nos primeiros anos de vida. O amor recebido não tem preço, porém precisa ser encorajador.

Quando meus pais me preparavam para a vida, diziam que um filho precisava ser como um passarinho: tinha que aprender a voar e a partir, pois sabiam que um dia eu iria embora, voar e correr o mundo, deixando a convivência com eles para trás.

Não sei se as aves esquecem seus pais, que buscam comida, os aquecem, os protegem e os preparam para enfrentar os predadores. Não sei se as aves esquecem aqueles que os ensinaram a voar e que doaram suas vidas para que elas pudessem ter a própria vida.

Não sei se seres humanos também esquecem, ou se não tomam consciência disso, mas eu não esqueço meu pai, Antônio, e minha mãe, Rosa. Sem eles, que nunca quiseram me ensinar a ser como eles, mas me incentivaram a descobrir meus dons, minha vocação, eu jamais estaria aqui, escrevendo esta bela história...

Da minha mãe biológica, saudades do não me lembrar; do meu pai desconhecido, um dia ainda nos veremos. Aos meus filhos, perdão pelo que não tive competência de ensinar.

Ainda me sinto eternamente filho de Rosa e Antônio...

coloque em prática!

Procure o momento ideal, observe seus filhos mais de perto, entenda como funcionam no dia a dia. Assim que entender sua rotina emocional, tudo ficará mais fácil! Lembre-se de que todos nós, também, temos altos e baixos, porém, como já possuímos personalidade formada, autocrítica estabelecida, vivemos isso de forma mais branda, mais tranquila, pois sabemos administrar mudanças. Para um jovem isso não é tão simples assim.

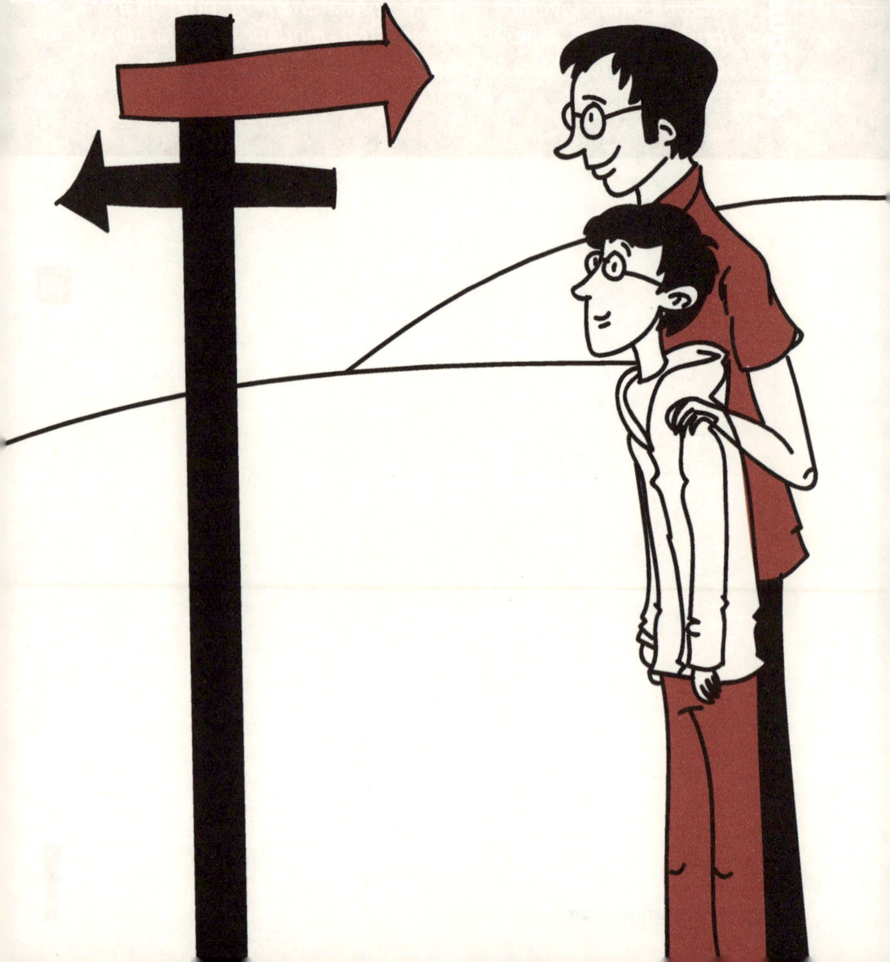

parte três

O nascer de um talento

"*Sabedoria é saber o que fazer, habilidade é saber como fazê-lo e virtude é fazê-lo.*"

David Jordan

Ajude seu filho a descobrir o talento dele desde cedo

Todos nós nascemos com um talento, com algo diferente a oferecer ao mundo. Cabe a nós descobri-lo ao longo de nossas vidas. Com seu filho não é diferente: com certeza você já deve ter observado sua tendência em realizar algumas tarefas com mais facilidade. Pois bem, você pode desde cedo ajudá-lo a desenvolver esse talento e contribuir com seu desenvolvimento vocacional e profissional, inclusive nesse período de escolha.

A escolha profissional começa antes do que imaginamos, do que a maioria considera como veredicto final: o temido vestibular. Segundo pensadores da teoria desenvolvimentista, nossa identidade vocacional começa a ser trabalhada desde cedo. Ela é concebida pelos "*inputs*" – informações e vivências provenientes do contato com o meio social durante a vida inteira: pais, parentes, amigos e escola.

Com o passar do tempo, vamos colecionando experiências e conhecimentos que vão moldando a formação da vocação, obedecendo a algumas fases. Entender quais são e como essas fases poderão facilitar não só uma escolha mais assertiva como a identificação de reações e atitudes que, à primeira vista, são tidas como estranhas, infantis e perturbadoras pelos pais.

Para Super (1985), autor, pesquisador e especialista no assunto, a escolha ocupacional é encarada como um processo que acontece ao longo da vida e do tempo. Nesse processo dinâmico, há fatores determinantes que influenciam mutuamente, que se desenvolvem e podem modificar-se com o passar do tempo. Para o autor, o desenvolvimento vocacional se dá por meio de cinco estágios, sendo que em cada um surgem algumas necessidades:

I) Crescimento – vai do nascimento até aproximadamente os 14 anos, desenvolvendo-se por meio das identificações com figuras importantes, principalmente na família e na escola. Durante a fase de crescimento, o menino ou a menina faz escolhas vocacionais fantasiosas. Seu universo é cheio de informações muito escassas, distorcidas e com fortes cargas emocionais. A criança imagina-se um ser fora do normal, um herói ou uma heroína dos contos infantis, dos filmes e da televisão. Tais escolhas fantasiosas, infantis, em muitos casos ultrapassam esse estágio e vão, de forma inconsciente, interferir no processo de escolha vocacional em fases posteriores. Este estágio subdivide-se em:

- *Fantasia (4 aos 10 anos)* – predominam as necessidades orgânicas e afetivas. Interesses e habilidades surgem de acordo com os estímulos e as oportunidades que lhe são proporcionados. Há imitação e desejo de ser adulto, assim como realização por meio de jogos.

- *Interesse (11 aos 12 anos)* – as preferências do tipo gosto/não gosto são os principais determinantes de suas aspirações e atividades. Mudança contínua de área e interesses diversos são considerados normais nesta fase.

- *Capacidade (13 aos 15 anos)* – as habilidades ou capacidades têm agora uma importância maior: é o início de competências futuras.

II) Exploração – caracteriza-se pela exploração de si mesmo e das ocupações. Esta fase é da experimentação de papéis sociais e ocupacionais na escola, no clube, em atividades de lazer ou até em trabalhos pontuais e em tempo parcial, como no caso dos estágios. Esta etapa é subdividida em:

- *Tentativa (15 aos 17 anos)* – a realidade começa a intervir na escolha, surgem as inseguranças da adolescência. Necessidades, interesses, aptidões, capacidades ou habilidades, valores e oportunidades são agora pensados em conjunto. Tentativas de escolha são feitas e experimentadas em fantasias ou imaginações, em conversas, cursos e trabalhos.

- *Transição (18 aos 21 anos)* – algumas decisões são tomadas, e as experiências vocacionais são mais pessoais. Considerações sobre a realidade recebem maior peso à medida que o jovem começa a entrar no mercado de trabalho, ou é exposto a melhores informações profissionais, educacionais ou ocupacionais, e procura implementar seu autoconceito ou concretizar sua identidade.

- *Ensaio (22 aos 24 anos)* – escolha feita, o jovem concretiza o ingresso no primeiro trabalho. Período do desenvolvimento das competências básicas e essenciais.

III) Estabelecimento – tendo encontrado uma área de atuação no período anterior, faz esforços para se estabilizar e ali permanecer. Pode haver ainda algum tipo de experimentação nesse estágio, com consequentes mudanças. Em outros casos, o estabelecimento se dá por definitivo sem mais experimentações e mudanças de área. Esta fase é subdividida em:

- *Ensaio e estabilização (25 aos 30 anos)* – localização estável no mercado de trabalho, experiências profissionais realizadas e promoções almejadas.

- *Consolidação (31 aos 40 anos)* – período criativo; as promoções e experiências profissionais se consolidam, a pessoa pode definir o ponto máximo de sua carreira e as metas. À medida que seu padrão de carreira profissional se torna claro, o indivíduo se esforça para obter segurança na vida profissional.

IV) Manutenção (45 aos 65 anos) – o profissional alcançou o auge da carreira, assim como suas aspirações profissionais. Atingiu o ponto máximo, por isso se mantém nessa posição. Poucas alterações costumam acontecer, há uma continuidade do plano estabelecido.

V) Declínio (a partir dos 65 anos) – à medida que as capacidades físicas e mentais começam a declinar, as atividades de trabalho vão se modificando em intensidade e qualidade. Muitos profissionais escolhem, nessa etapa, com a experiência adquirida ao longo dos anos, tornar-se um consultor e mentor. A pessoa diminui seu ritmo de trabalho até a chegada da aposentadoria propriamente dita. Esse estágio pode ser subdividido em dois períodos:

- *Desaceleração (dos 65 aos 70 anos)* – diminuição do ritmo de trabalho, esforço em período parcial.

- *Aposentadoria (dos 71 anos em diante)* – assim como as demais fases e etapas, esta pode variar de pessoa para pessoa, porém na maioria dos casos é o período de interrupção e finalização da carreira.

A base dessa teoria nos ajuda a entender os diferentes momentos que vivenciamos profissionalmente, porém ela não deve ser exatamente determinante. Cada indivíduo possui uma velocidade de maturação, além de ser estimulado de forma diferenciada, e em contextos diferentes.

Recentemente, fui abordado por uma mãe, durante uma palestra que proferia, e ela me contava que sua filha de 13 anos gostava muito de pintar, escrever e desenhar. Então, passou a questionar-me se naquela idade essas atividades eram normais e se ela deveria interferir. Minha resposta foi que ela potencializasse esse talento, até porque a criatividade é uma competência essencial para sobrevivência profissional. A única ressalva era para que fizesse isso com cuidado, sem impor graus de dificuldades e decisões antecipadas antes do momento. Esse é um exemplo de como a vocação vai aparecendo, tornando-se tangível no dia a dia.

O mais importante é que você entenda que existe um ciclo de desenvolvimento vocacional, maturacional, e que sua participação é muito salutar.

coloque em prática!

Geralmente a fase da escolha se dá durante o Ensino Médio, e é nessa época que a pressão social aumenta. O assunto se torna mais constante na escola e na família, aumentando também a preocupação dos pais.

É fundamental que a partir do nono ano do Ensino Fundamental os pais comecem a ter uma conversa mais diretiva sobre esse tema, mas sem cobranças excessivas, uma vez que o jovem, ainda, é imaturo para a escolha. Comece aos poucos e de forma mais exploratória, sem grandes conclusões. Converse com seu filho sobre diferentes temas, importando-se com o que mais lhe interessa, e depois aprofunde o assunto, quando se aproximar o final do Ensino Médio.

Procure uma escola que ofereça orientação vocacional e profissional, pois muitas delas já estão inserindo esse tipo de trabalho em sua grade curricular.

Será que meu filho está fazendo a escolha certa?

Qual pai não gostaria de ter uma bola de cristal para saber se a escolha dos seus filhos é a certa? Isso aliviaria milhares de corações e evitaria muito sofrimento. Mas, tenho que ser honesto com você. Não existe a escolha certa, apenas aquela que representará a decisão do seu filho. Você pode torcer para que tudo dê certo – que seu filho tenha sucesso, ganhe dinheiro e seja feliz –, porém nada nesse universo pode garantir que a sua escolha seja a certa.

Aliás, serão muitas escolhas ao longo da vida profissional. Segundo pesquisas recentes, um jovem que ingressar hoje no mercado de trabalho tenderá a percorrer mais de quatorze ocupações diferentes, ou seja, provavelmente passsará por mais de uma empresa. Sendo assim, é importante ter em mente que uma escolha, neste exato momento, pode não ser para sempre, pois o mundo está mudando numa velocidade estonteante, e com isso muitas oportunidades estão aparecendo.

Nos últimos dez anos o mundo mudou mais do que nos últimos cinquenta anos. Não somos mais capazes de identificar quem são os grandes descobridores, pois a inovação é diária. Você provavelmente já deve ter se sentido enganado depois de ter comprado um computador que diziam ser de última geração, sendo que no dia seguinte assistiu a uma propaganda de um novo aparelho. É provável que tenha comprado um celular e descoberto logo depois que o modelo adquirido já está ultrapassado. O mundo está cada vez mais veloz e cheio de novidades.

Você deve estar se perguntado: mas como vou saber que meu filho está indo na direção certa? Será que ele tem maturidade suficiente para escolher?

> *Segundo Bohoslavsky (1998), um dos grandes precursores da orientação vocacional, uma escolha madura depende da elaboração dos conflitos, e não de sua negação. Assim, uma escolha madura implicará a identificação de seus próprios gostos, interesses, aspirações, e a identificação com o mundo exterior, com as profissões e ocupações. Uma escolha madura dependerá da identificação consigo mesmo.*

É muito difícil determinar com 100% de certeza o que seu filho estará fazendo daqui a algum tempo, mas é importante que você o ajude a encontrar a "atmosfera perfeita", ou seja, a sua área de afinidade (comunicação, negócios, tecnologia, artes etc.); isso, além de facilitar as escolhas, o guiará pelo caminho certo.

Boa parte dos alunos, na hora da escolha, está em dúvida entre as profissões, e nem sempre elas estão ligadas à mesma área, ou, como gosto de dizer, estão na mesma "atmosfera". Isso é preocupante, pois é o indício de que realmente esse aluno está completamente perdido. Significa que seu nível de maturidade para a escolha profissional ainda é baixo.

Por outro lado, existem os alunos que estão com as suas escolhas mais cristalizadas; geralmente estão em dúvida sobre cursos que possuem uma ligação temática, como é o caso de

Administração de Empresas e Publicidade, Biologia e Medicina, Letras e Pedagogia, e assim vai.

A desconexão entre os temas e as dúvidas no momento da escolha geralmente acontecem porque os alunos não têm a mínima noção da realidade das profissões, além de sofrerem interferências de amigos, da mídia, de parentes próximos, e talvez a sua.

Outro ponto é que na maioria das vezes o dinheiro, o retorno financeiro, fala mais alto. Seu papel enquanto pai é identificar o motivo – e nada melhor que uma boa conversa, compreensiva e não repreensiva, sobre o assunto.

De nada adianta reclamar que a cada hora seu filho vem com uma novidade. O ideal é entender o que está por trás da novidade. Com algumas perguntas simples, você pode descobrir muitas coisas:

- *Por que você acredita que essa profissão vai ser legal?*
- *Você realmente acredita que essa profissão vai lhe dar dinheiro, retorno?*
- *Você conhece pessoas que estão trabalhando com isso? Como elas estão?*
- *Quais universidades oferecem o curso pelo qual você está interessado?*

Perguntar nesse momento é muito melhor do que criticar. Lembre-se de que essa é uma fase de complexidade mental para os adolescentes, por isso você deve estar junto para contribuir, alinhar as ideias, ajudar nas estratégias; não para julgar! Esse é o papel dos pais que desejam o sucesso e a felicidade do filho.

coloque em prática!

Bater papo com um profissional ajuda muito!

Procure profissionais ligados às entidades reguladoras da área escolhida. Por exemplo: se o desejo de seu filho for de seguir a carreira de psicólogo, entre em contato com o Conselho Regional de Psicologia (CRP); se deseja seguir a carreira de administrador, busque o Conselho Regional de Administração (CRA) e explique o motivo de seu contato.

Procure por indicações de parentes e amigos. Isso costuma funcionar bem.

Algumas feiras de estudantes oferecem a oportunidade de bate-papos com profissionais. Pesquise na Internet as feiras sobre profissões que acontecem na maioria das regiões brasileiras.

Identifique o que motiva seu filho

Um dos fatores que mais causam angústia nos pais é a necessidade de identificar do que o filho gosta, principalmente porque os jovens tendem a gostar de tudo, em especial daquilo que supostamente poderá lhes garantir um bom retorno financeiro.

Muitas pessoas passam parte de suas vidas analisando outras pessoas: seus ganhos, aquisições, sentimentos, comportamentos, atitudes. Com os jovens, isso é ainda mais comum, pois muitas vezes planejam viver de acordo com o sonho alheio e deixam de lado seu próprio sonho. Poucos investem tempo para olhar para si mesmo; quando o fazem quase sempre é para se autocriticar: "eu não faço nada certo mesmo", "isso não vai dar em nada", "não sei fazer isso".

De fato, somos motivados a ter esse pensamento, pois a sociedade nos colocou nessa condição. Quer testar? Diga a um amigo do trabalho que você se saiu bem numa apresentação junto à diretoria de sua empresa. Adivinhe o que ele vai pensar. Basta observar o comportamento dele, seu semblante.

Na escola, nota boa é sinal de encrenca: você vira o vilão, o "CDF", "bajulador", "nerd". Somos condicionados a acreditar que é errado acertar, sair-se bem em alguma situação por mérito próprio.

Costumo utilizar um teste bem simples, mas de grande resultado. Sugiro que você o faça primeiro sozinho e depois com seu filho: pegue uma folha em branco ou uma folha de um caderno universitário; risque-a ao meio e, na coluna da esquerda, escreva dez defeitos que possui. Marque o tempo de duração para o término dessa tarefa. Do lado direito, liste suas forças, aquilo de que gosta em si mesmo. Estou falando dos seus talentos, habilidades e competências. Agora, compare as duas colunas e pense em qual delas você sentiu mais dificuldade para preencher, assim como em qual levou mais tempo.

Já há algum tempo, venho utilizando essa simples técnica. Tenho percebido que, na maioria dos casos, cerca de 80%, as pessoas demoram mais tempo para identificar seus talentos, habilidades, pois não se sentem confortáveis em falar bem de si mesmas. Incrível, não é?

Quando questionados sobre essa dificuldade, os jovens alegam não se sentir à vontade para se elogiar, como se fosse um crime, um pecado. Então, como fazer para escolher uma profissão se nem mesmo conseguimos descobrir nossos talentos?

Segundo algumas pesquisas, é notório o número de profissionais que se encontram em estado de estresse, depressão e ansiedade, e os principais motivos que os levam a essa situação são falta de autoconhecimento, de propósito nos negócios e na carreira; desmotivação por aquilo que estão fazendo e vazio em suas realizações.

Muitas pessoas se dizem sufocadas pelo capitalismo e pela contínua necessidade do acúmulo de bens. Em tese, isso acontece porque não fazemos as escolhas com bases em nossos valores e interesses, mas no que os outros admiram ou no que a sociedade nos impõe.

Existe uma maneira simples de identificar o que, de fato, motiva seu filho. Utilize as perguntas a seguir.

Filho,

- O que é mais importante para você nesta vida?
- O que isto lhe proporciona?
- O que você acredita que sua escolha profissional poderá lhe trazer?
- O que isso lhe proporcionará?
- O que você poderá promover com ela?

Não há nada mais delicioso do que viver pelos seus interesses, valores, e estar motivado para conquistar o que se deseja. Apenas uma pequena parcela da população tem esse privilégio, e seu filho pode fazer parte dela.

coloque em prática!

Quanto à questão dos interesses, observe algumas atividades da rotina do seu filho: caso goste de ler, observe que tipo de assunto o atrai e procure dividir com ele esse momento. Aproveite sua experiência para abrir grandes e salutares discussões.

Caso goste de sair, analise qual o tipo de programação será de interesse para ambos: pai e filho. Obviamente, existe uma tendência ao social nessa fase, mas algumas preferências podem ser observadas – veja se ele prefere comer pizza em ambiente mais calmo ou ir para uma "balada". Pode parecer impossível, mas há muitos adolescentes que gostam de estar na companhia dos pais. Isso demonstrará se ele prefere ambientes mais agitados ou mais calmos e se gosta de manter contato com outras pessoas.

Caso goste de música: quais os tipos de som que o atraem. Mesmo que o gosto musical mude ao longo dos anos, essa é uma boa oportunidade para conversar sobre o assunto. Aproveite todos os momentos mágicos de seu filho para se interessar e extrair tendências, tomando cuidado para não invadir a privacidade, tão almejada nessa fase.

Descubra a vocação de seu filho

Como já escrevi anteriormente, todos nós, sem exceção, possuímos uma caixa de ferramentas pessoais na qual se encontram nossos talentos. Carregamos constantemente e podemos utilizá-la a qualquer momento do dia. Você já deve ter passado por uma situação em que teve que ser um bom comunicador ou um excelente vendedor. Nesses momentos, sem perceber, você abriu sua caixa de ferramentas e puxou um talento para lhe ajudar. São situações como essas que nos mostram quais, realmente, são nossas vocações. Questionar-se sobre a vocação não é um fato da atualidade, ao contrário do que podemos pensar. Durante o período pós-Revolução Industrial esse tema veio à tona, pois muitas vagas de trabalho foram abertas e precisava-se de pessoas com capacidades específicas para preenchê-las. Assim nascia, mais precisamente, o conceito de vocação.

A palavra *vocação* vem do latim *vocatione* e significa chamado, escolha, talento, aptidão. No âmbito religioso, vocação é o chamado de Deus para um dom específico. A pessoa chamada se sente atraída para aquilo a que é convocada. É como se fosse uma voz que ressoa suave e insistentemente aos nossos ouvidos, uma ideia que insiste em permanecer, mesmo quando queremos descartá-la. A vocação é sempre vista como algo que se pode fazer de útil para os outros; portanto, é um serviço prestado aos demais.

Ainda hoje, muito se tem pesquisado sobre essa questão. Nascemos com uma vocação ou a adquirimos ao longo de nossas vidas? Eu particularmente acredito nas duas hipóteses, e isso não significa que estou em cima do muro. Creio que nascemos com uma carga genética que nos ajuda em determinadas realizações, porém o convívio social e cultural pode nos fazer desenvolver ainda mais essa vocação. Observe o meu caso: tenho facilidade para me comunicar, gosto de ajudar, estar com mais pessoas, e, por obra do destino, nasci em uma família de educadores. Hoje sou pedagogo, escrevo livros e ministro palestras na área de Educação.

A vocação manifesta-se por meio de nossos talentos e capacidades de realizar algo de maneira prazerosa e com precisão.

Ela é essencial no processo de escolha profissional, pois pode fazer a diferença na tomada de decisões. Deve-se considerar, porém, que não só as habilidades vocacionais são importantes, mas também o interesse pela atividade escolhida. Além da carga genética que carregamos, a vocação é influenciada em parte por nosso convívio social ao longo da vida e por nossas experiências. Mas como descobri-la? Como utilizá-la a nosso favor?

O nosso dia a dia pode nos dar muitas respostas sobre esse assunto. Preste atenção nas atitudes, nas preferências de seu filho. Provavelmente você, algum dia, já notou certa felicidade durante alguma atividade, sentiu-o prestar mais atenção, ficar mais focado, com o olhar fixo e um grande interesse no que estava realizando. Talvez estivesse ajudando alguém em sua comunidade, ensinando algo a um amigo, resolvendo uma questão de Matemática, criando uma planilha eletrônica, lendo uma matéria sobre esportes no jornal, assintindo a um filme na televisão. São nesses momentos que uma vocação aparece: emoção, brilho nos olhos, atenção e foco. Muitos jovens, quando gostam muito de algo, ficam anestesiados e superconcentrados. Talvez em algum momento você tenha chamado seu filho e ele não lhe deu a menor atenção. Essa é uma grande oportunidade de entender seus interesses! Tente puxar uma conversa a respeito do que ele está fazendo em vez de somente chamá-lo. Demonstre interesse.

Você pode realizar um trabalho com seu filho por meio de algumas perguntas. Separe um tempo de trinta minutos para tanto. Explique que você quer ajudá-lo a descobrir sua vocação, seus talentos. A maioria das pessoas, inclusive adultos, adora testes de autoconhecimento. Juntos, respondam:

- O que faço com prazer sem que as pessoas peçam?
- O que faria por alguém mesmo sem receber nada em troca?

- O que faço sem esforço, causando admiração nos outros, que possuem dificuldade para realizar?

Nesse momento, você vai perceber várias mudanças de feição, emoção, aumento no tom de voz, alteração na velocidade da fala. Perceba qual pergunta foi respondida com mais vigor. Talvez, em algum momento, um brilho diferente tenha surgido no olhar. A resposta, muitas vezes, é encontrada nessas reações.

coloque em prática!

No seu dia a dia treine sua atenção aos detalhes dos interesses de seu filho. Preste atenção em suas expressões e gestos. O corpo nos dá a resposta para várias perguntas. Agende um momento com seu filho e ajude-o a identificar, escrevendo em um pedaço de papel, qual são seus interesses pessoais, as coisas que o motivam, os talentos que ele acredita possuir. Não faça julgamentos, apenas ajude!

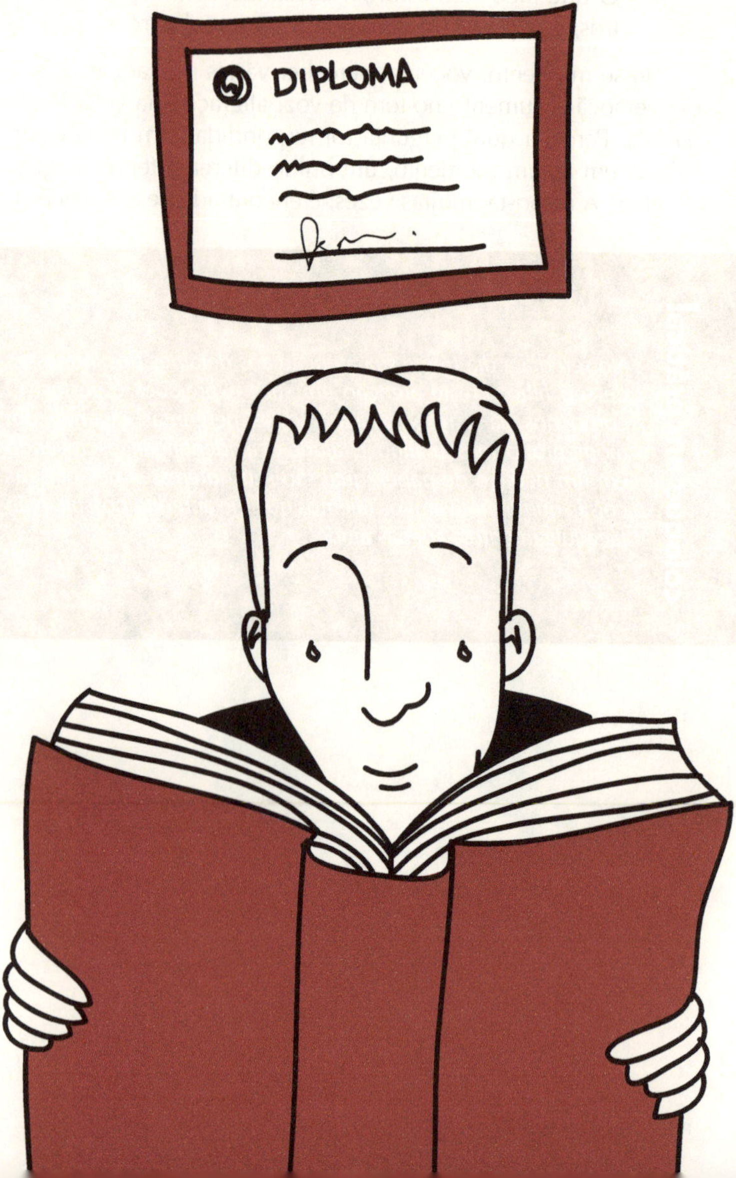
DIPLOMA

parte quatro

Estudar ainda é muito importante

"Muda tuas ideias e mudarás o teu mundo."

Norman Vincent Peale

Neste capítulo, vamos entender por que ainda é importante investir nos estudos. Somente realizar uma boa escolha não garante vaga em uma excelente universidade e no mundo do trabalho. Não importa se você tem ou não um negócio para deixar para o seu filho, se ele terá que buscar com seus próprios esforços e trabalhar para garantir o seu sustento. Estudar é condição *sine qua non*, ou seja, "sem a qual não pode ser". Tem que estudar, sempre!

Muitos pais, principalmente os que optaram por empreender seus próprios negócios, ainda se questionam se o filho deve ou não fazer um curso superior, não só pela questão do investimento, mas também pelo futuro profissional. Sem dúvida, estudar não só ajuda a aumentar as chances de emprego e de bom salário como enobrece o ser humano, tornando-o melhor. Educação é a base do sucesso! O mundo vai se tornar cada vez melhor se todos tiverem mais educação.

Muitos cargos de executivos e concursos públicos exigem curso superior, às vezes até pós-graduação e formações específicas. Empresas investem muito dinheiro em educação continuada para seus colaboradores, algumas até mesmo instalam em sua estrutura universidades corporativas.

Mas só o curso superior não faz milagres. Pais e filhos devem entender que educação é um investimento de longo prazo, cujos resultados não são imediatos e exigem esforço e dedicação. O planejamento, principalmente financeiro, deve fazer parte desse pensamento, pois o estudo contínuo e em boas instituições pode ajudar muito, apesar de exigir um alto investimento.

O curso superior, independentemente de sua modalidade (bacharelado, licenciatura, tecnólogo ou a distância), é considerado a porta de entrada para o mercado. Muitos cursos, mesmo nos primeiros anos, já oferecem aos seus alunos oportunidades de emprego. Além disso, os alunos que ingressam no curso superior não precisam esperar pelo seu término para pensar em um emprego, pois as empresas procuram cada vez mais cedo novos talentos, o que significa que, ao entrar em uma boa universidade, o aluno pode ter a chance de se tornar estagiário ou *trainee* de uma grande empresa. Geralmente as próprias universidades disponibilizam informações sobre vagas e processos seletivos de empresas em seus murais ou nos setores específicos de estágio.

Quanto mais você estuda, mais ganha. Isso não é invenção, é pesquisa – quanto mais se estuda e se adquire diplomas (Ensino Médio, curso superior, pós-graduação, especialização, MBA, mestrado, doutorado e pós-doutorado), os salários vão crescendo, assim como as oportunidades. Quem investe em educação profissional tem ainda 48,2% mais chances de conseguir emprego, além de uma possibilidade 38% maior de obter uma vaga formal. Os dados são de um estudo da Fundação Getulio Vargas (FGV).

Esse estudo também mostra que quanto mais alto o nível de qualificação, maior o diferencial no salário. O rendimento de um trabalhador com graduação de tecnólogo chega a ser 23,3% maior do que o de quem não tem esse nível. Além disso, com maior formação técnica, cresce a possibilidade de se conseguir uma vaga na área estudada.

Outros dados também são interessantes: para cada 100 pessoas desempregadas, nove estudaram até a 6ª série, duas acabaram a faculdade (15 anos de estudo) e apenas uma tem pós-graduação (17 anos de estudo). Portanto, se você concluir a faculdade e fizer imediatamente um curso de pós-graduação, a possibilidade de ficar desempregado é quase zero.

Mas qual caminho seguir nos estudos? Muitos pais se sentem perdidos com essa decisão, pois o mercado educacional mudou muito nos últimos anos; foram criadas mais modalidades de ensino, surgiram novas formas de vestibulares, novos cursos presenciais e a distância.

Nesta parte do livro, vou explicar um pouco deste novo universo para que você, pai, tenha mais conhecimento para ajudar seu filho a construir uma carreira acadêmica. Muitas dessas informações também estão à disposição nos meios de comunicação. É muito importante nessa etapa você também tomar conhecimento sobre esse setor. Muitos pais acabam dando maior importância à carreira profissional do que à educacional; um erro, pois elas devem ter pesos iguais.

Entendendo o porquê do Enem

Durante o seu processo de implantação, o Enem teve muitas falhas operacionais, mas se você ainda se questiona se seu filho deve realizar essa prova, digo-lhe que sim, pois ela provavelmente vai se tornar o principal meio de avaliação nacional em alguns anos. Várias universidades particulares e públicas já aderiram ao exame em substituição ao tradicional vestibular. Outras estão utilizando sua pontuação para ajudar a melhorar a nota do vestibular.

Até 2008, o Enem era uma prova clássica com 63 questões interdisciplinares, sem articulação direta com os conteúdos ministrados no Ensino Médio e sem a possibilidade de comparação das notas de um ano para outro. Mas o exame mudou e passou a ser comparável diretamente ao currículo do Ensino Médio. A proposta é conduzir o aluno a outro tipo de formação, mais voltada para a solução de problemas e a contextualização dos conteúdos, uma educação voltada à formação para a vida. A proposta tem como principal objetivo democratizar as oportunidades de acesso às vagas federais de ensino superior para alunos em todo o território nacional.

O novo exame é composto por testes em quatro áreas do conhecimento: linguagens, códigos e suas tecnologias (incluindo redação); ciências humanas e suas tecnologias; ciências da natureza e suas tecnologias; e matemática e suas tecnologias. Cada grupo de testes é composto por 45 itens de múltipla escolha, aplicados em dois dias.

A redação é feita em língua portuguesa e estruturada na forma de texto em prosa do tipo dissertativo-argumentativo, a partir de um tema de ordem social, científica, cultural ou política.

A prova do Enem resulta em cinco notas diferentes, uma para cada área do conhecimento avaliada e uma para a redação. Não há diferenciação dos pesos. O que pode ocorrer é, nos processos seletivos, as instituições superiores de ensino utilizarem pesos diferenciados entre as áreas para classificar os candidatos, de acordo com os cursos pleiteados.

A grande tendência é a interdisciplinaridade. É preciso saber relacionar os conceitos aprendidos nas diversas disciplinas.

A nota do Enem continua sendo a base para a classificação do ProUni e também vale para as universidades particulares. Cada universidade define a forma de utilização da nota. Algumas optam por usá-la como um bônus; outras, como nota para a 1ª fase etc.

Os institutos federais vão usar o Enem para selecionar seus alunos. Cada instituto define a forma de aproveitamento da nota no exame.

Ensino Técnico: uma boa opção

Esta modalidade de ensino tem atraído muitos jovens e seus pais pelo alto grau de empregabilidade. Dos estudantes de nível médio que se formaram em escolas técnicas federais no período entre 2003 e 2007, 72% estão empregados. Destes, 65% trabalham em sua área de formação. Os dados foram revelados em levantamento realizado pelo MEC, que entrevistou 2.657 ex-alunos de 130 instituições da rede federal de educação profissional, científica e tecnológica.

Para muitos jovens, o Ensino Técnico pode ser considerado, também, uma porta de entrada para o mundo profissional. Muitos iniciam sua carreira, testam sua vocação e seus talentos durante esse período. Como na maioria das vezes já saem empregados do curso, possuem uma vantagem em relação àqueles que optaram por curso superior. Porém, costumo orientar os jovens a fazerem um curso superior após a conclusão do técnico, pois ele dará uma visão mais generalizada sobre o mercado e ainda elevará o patamar profissional, principalmente nas grandes organizações.

O Ensino Técnico complementa o Ensino Médio, por isso não confere o título de formação superior, nem de concluinte de Ensino Médio: apenas de especialização técnica.

Muitos alunos que concluem o Ensino Técnico e já estão empregados costumam parar seus estudos, como se o jogo estivesse ganho. Errado! O curso superior deve ser considerado o próximo passo para a formação e o crescimento profissional.

Os cursos técnicos são oferecidos por diferentes instituições de ensino particulares, por escolas estaduais e federais, e também pelo "sistema S" de ensino (Senai/Senac/Sesi/Sebrae/Sesc).

O Ensino Técnico é dividido em:

Integrado: quando combinado com uma habilitação profissional. Tem duração média de quatro anos e carga horária maior, com disciplinas próprias do Ensino Médio e também disciplinas para formação específica. A exigência é ter concluído o Ensino Fundamental.

Concomitante: o aluno faz um curso técnico de habilitação profissional enquanto cursa o Ensino Médio, em instituições diferentes e turnos diferentes. Exige matrícula no Ensino Médio regular – no mínimo no segundo ano – e tem duração média de um ano e meio.

Subsequente: realizado após a conclusão do Ensino Médio, comprovado por diploma. Tem duração de um a dois anos.

Seguindo essa mesma linha, temos à disposição os cursos tecnológicos de nível superior. Esses também são cursos que facilitam o ingresso no mercado de trabalho, razão pela qual essa modalidade de ensino é uma das mais procuradas hoje em dia.

O curso de tecnólogo é uma modalidade de graduação de nível superior que se concentra em uma área específica do conhecimento, como, por exemplo, gestão de eventos, gestão ambiental, gestão hospitalar. Embora essa modalidade tenha sua origem no setor de tecnologia, atualmente diversas áreas estão descobrindo a metodologia, como gestão, comércio, turismo e comunicação. Outra característica dos cursos para tecnólogos é que eles são rápidos, com duração de dois a três anos, o que permite ao aluno ingressar mais rapidamente no mercado de trabalho.

O mais interessante é que a LDB (Lei de Diretrizes e Bases da Educação 9.394/1996) permite que o tecnólogo dê continuidade aos seus estudos em outros cursos e programas de educação superior, como extensão, pós-graduação, mestrado e doutorado. Embora esse tipo de graduação seja recente, ele só cresce no país. As empresas, aos poucos, conhecem esse novo perfil de profissional e verificam que o tecnólogo possui uma formação bastante sólida. De acordo com pesquisas da PUC/PR realizadas com 55 grandes empresas de Curitiba, 43% das admissões realizadas na cidade, em 2008, poderiam ser atendidas por tecnólogos.

Hoje o portal do MEC disponibiliza um catálogo nacional com os principais cursos, oferecidos em diferentes áreas do conhecimento (http://portal.mec.gov.br).

Ensino a distância é válido?

Muitos alunos estão optando por essa modalidade de ensino, por isso a educação a distância é considerada a "bola da vez". Segundo dados do Instituto Nacional de Estudos e Pesquisas Educacionais (INEP/MEC), o ensino a distância cresce cerca de 90% ao ano, o que significa que esse modelo veio para ficar. O motivo, o mais óbvio possível: maior flexibilidade de tempo e acesso com menor custo.

Nesse tipo de curso a maior parte das atividades é feita fora da sala de aula, a qual, muitas vezes, nem existe, sendo totalmente virtual. Isso vai depender da modalidade do curso escolhido. Em alguns casos, os alunos fazem provas, avaliações bimestrais, em uma sede designada pela instituição de ensino. Em algumas instituições, os trabalhos são entregues *on-line*. As instituições utilizam vários meios de comunicação para transmitir seus conteúdos curriculares: televisão, internet, correspondência e transmissão via satélite, em sistema de polos universitários. Só para se ter uma ideia: em 2000 eram 1.682 cursos, e em 2006 já eram 114.642, segundo fontes do Inep e Capes.

Muitos pais ficam em dúvida sobre a validade dessa modalidade de ensino, mas ela tem o mesmo valor jurídico dos cursos presenciais. Os certificados emitidos na conclusão têm a mesma validade que os do curso presencial, desde que a entidade que ofereceu o curso esteja devidamente cadastrada e com os cursos aprovados pelo Ministério da Educação e órgãos competentes.

Além disso, o curso a distância exige uma organização especial do aluno, que se encontra sozinho, realizando todas as atividades. As empresas estão, inclusive, levando isso em conta na hora da contratação, pois alunos que costumam seguir em frente e se formar nesses cursos demonstram um alto grau de organização.

É importante destacar que várias instituições de ensino estão oferecendo cursos *on-line*, a distância, mas poucas realmente têm seus cursos registrados. O ideal é pedir a autorização de funcionamento do curso antes de realizar a matrícula.

Instituições de ensino internacionais estão entrando para o mercado global com os seus cursos superiores. Nada contra, mas fique atento à legislação vigente e procure a diretoria de ensino mais próxima, em caso de dúvida. Procure indicar a seu filho uma instituição conhecida e com tradição também no ensino presencial, pois isso pode garantir o sucesso do curso *on-line*.

Obtendo apoio financeiro para a formação

A dificuldade financeira é uma das grandes vilãs dos sonhos de muitos jovens e pais que lhes almejam um futuro promissor. Muita coisa mudou nesse sentido, mesmo ainda não havendo as condições ideais – deixando bem claro que não é o objetivo do livro discutir políticas públicas para educação, mas informar e formar pais que queiram, de fato, contribuir no processo de orientação profissional de seus filhos.

Nesses casos, há algumas modalidades de bolsas e financiamentos estudantis:

Fies

O Programa de Financiamento Estudantil (Fies) é destinado a financiar, prioritariamente, a graduação no Ensino Superior de estudantes que não têm condições de arcar com os custos de sua formação e estejam regularmente matriculados em instituições não gratuitas, cadastradas no Programa e com avaliação positiva nos processos conduzidos pelo MEC. Para obter mais informações acesse: http://www3.caixa.gov.br/fies/fies_finacestudantil.asp.

ProUni

Lançado em 2005 pelo governo federal, o Programa Universidade para Todos (ProUni) já distribuiu cerca de 430 mil bolsas de estudo a jovens carentes para ingresso em instituições privadas de ensino superior. Há bolsas integrais e parciais. A integral é destinada a estudantes cuja renda familiar mensal, per capita, não supere um salário mínimo e meio. A bolsa parcial, de 50%, beneficia alunos com renda familiar mensal, por pessoa, de até três salários mínimos.

Para conseguir o benefício, independentemente do valor da bolsa, é obrigatório ter participado do Exame Nacional do Ensino Médio (Enem) e conseguido, pelo menos, a nota mínima estabelecida pelo MEC – 45 pontos na média entre a prova de conhecimentos gerais e a redação. Além disso, é preciso atender a pelo menos uma das seguintes condições: ter feito o Ensino Médio em escola pública, ser portador de deficiência, ser professor da rede pública ou concorrer a vagas em cursos de Licenciatura, Normal Superior ou Pedagogia. Somente nesse último caso, a comprovação da renda familiar é dispensada. Quem cursou o Ensino Médio em escola particular, mas com bolsa integral, também pode concorrer. As inscrições são feitas a cada semestre, somente pela internet, por meio do site do Programa. O candidato escolhe até cinco opções de instituições ou curso superior que gostaria de cursar. Os estudantes com as melhores notas no Enem têm preferência para fazer sua opção. Em algumas escolas, os selecionados precisam passar ainda por avaliação, diferentemente do vestibular, que deve ser gratuita. O resultado da seleção é disponibilizado no site do ProUni.

Acesse: http://prouniportal.mec.gov.br

Bolsas Restituíveis

É um benefício similar ao Fies. A diferença é que o crédito é oferecido pela própria instituição de ensino, não pelo governo federal. As regras para a concessão do auxílio, a duração e o valor variam de uma instituição para outra. Antes de tentar o financiamento, informe-se sobre as condições de devolução do empréstimo. Em algumas, o pagamento da dívida começa logo após a conclusão do curso ou há uma carência de até um ano para começar a quitação. Já em outras, o ressarcimento ocorre durante a vigência do curso.

Cada instituição determina suas regras para a concessão das bolsas. Pode ser a partir da análise do histórico escolar do Ensino Médio, pela nota obtida no vestibular ou por critérios socioeconômicos. As informações são dadas na própria secretaria da instituição de seu interesse.

Bolsas Filantrópicas

São as bolsas oferecidas a alunos carentes pelas universidades comunitárias ou confessionais e as religiosas (católicas, adventistas, metodistas, luteranas ou presbiterianas). Cada escola determina suas regras para a concessão do benefício. O Centro Universitário São Camilo, em São Paulo, por exemplo, oferece bolsa que cobre até 100% da mensalidade. Como não se trata de empréstimo, os alunos não precisam devolver o benefício à escola. A seleção dos bolsistas varia conforme a escola. O São Camilo obedece a critérios socioeconômicos. Há outras instituições que selecionam os alunos a partir da classificação no vestibular. É preciso renovar as bolsas a cada semestre ou ano.

Bolsa Escola da Família

A Secretaria de Educação de São Paulo oferece bolsas de estudo para universitários que trabalham como monitores do programa Escola da Família. O governo concede bolsa integral aos estudantes das 221 universidades conveniadas para atuarem como educador universitário em projetos sociais desenvolvidos nas escolas públicas durante os finais de semana.

As inscrições ocorrem no começo do ano. O processo seletivo leva em consideração as condições socioeconômicas do candidato. Como pré-requisito é preciso ter concluído o Ensino Médio na rede pública paulista e não receber outro benefício para custeio da mensalidade do curso superior.

Fundação Estudar

Desde 1991, a Fundação Estudar oferece bolsas para cursos de Administração, Ciências Econômicas, Engenharia e Relações Internacionais. O valor do benefício varia de 10% a 100% da mensalidade. Após a formatura, o estudante se compromete a doar à fundação 10% de seus vencimentos brutos até quitar a dívida.

As inscrições ocorrem apenas no primeiro semestre do ano e devem ser feitas no *site* da entidade. O aluno precisa estar matriculado em um curso com conceito A no Exame Nacional de Desempenho dos Estudantes (Enade) e ter o perfil que a instituição procura – o que é avaliado durante o processo seletivo. *Site*: www.estudar.org.br

Outros Financiamentos

Cebrade – Centro Brasileiro de Desenvolvimento do Ensino Superior. *Site*: www.cebrade.org.br

Fundação Aplub – Associação dos Profissionais Liberais Universitários do Brasil. *Site*: www.fundaplub.org.br/site/

Cursos Gratuitos

Algumas universidades privadas oferecem cursos gratuitamente. O fato de não serem pagos aumenta a concorrência nos vestibulares e, assim, essas instituições podem selecionar alunos mais bem preparados, que podem vir a obter melhores notas nas avaliações oficiais, como o Enade.

Para facilitar o ingresso de alunos carentes, muitas universidades – principalmente as públicas – os isentam do pagamento da taxa de inscrição no vestibular. Na Fuvest, por exemplo, o vestibular é gratuito para os candidatos que cursaram o Ensino Médio em escola pública, residem em São Paulo e que comprovem insuficiência de recursos financeiros para pagar a taxa. Outras instituições, como a Universidade Estadual de Campinas (Unicamp), a Universidade Federal de Minas Gerais (UFMG) e a Universidade Federal Fluminense (UFF) têm programas semelhantes.

Políticas que facilitam o ingresso de estudantes provenientes de escolas públicas, negros ou indígenas têm sido cada vez mais adotadas pelas instituições de ensino superior. Pelo sistema de cotas, as universidades reservam em seu vestibular um percentual de vagas para os grupos que pretendem beneficiar. Geralmente são alunos que estudaram todo o Ensino Médio em escola pública, ou são negros, indígenas ou portadores de deficiência. O percentual de vagas varia de uma instituição para outra: algumas reservam 20% das vagas; outras, 5%; e há até casos que chegam a 50%.

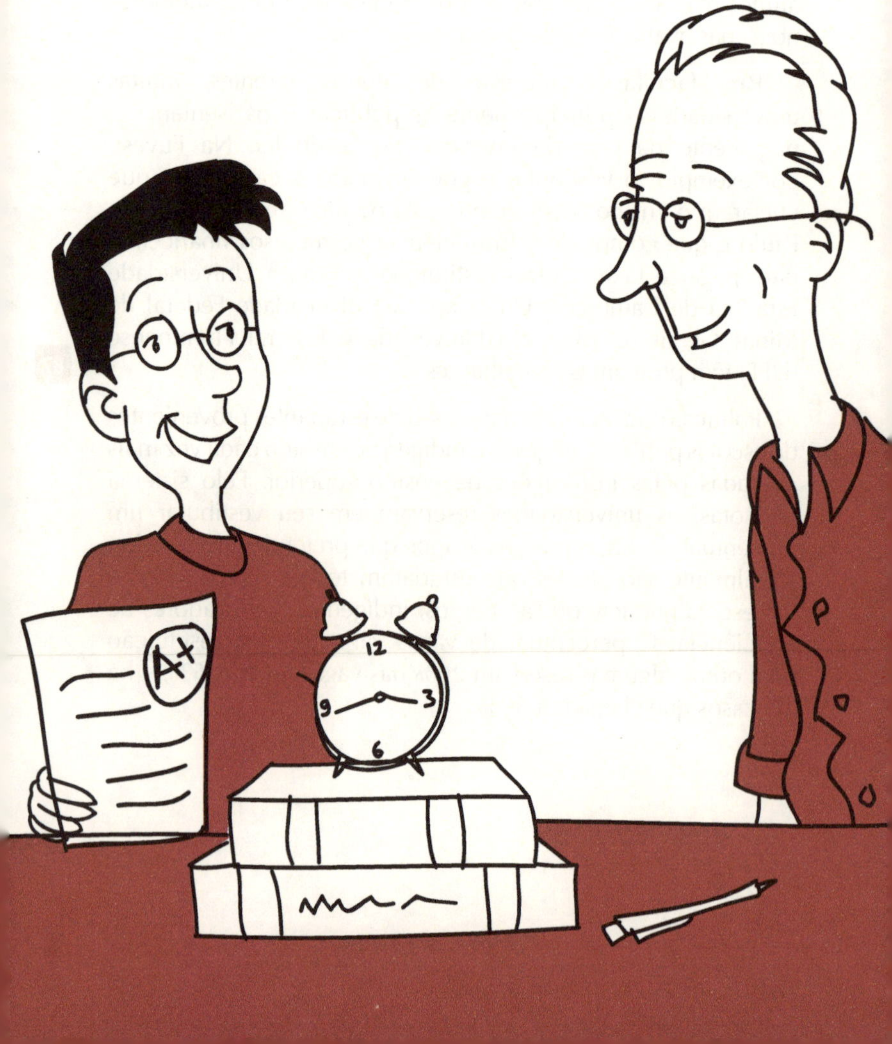
A+

parte cinco

Participe do sucesso do seu filho

> *Se você está fazendo alguma coisa da mesma maneira há dez anos, provavelmente está fazendo a coisa errada.*
>
> Charles Kettering

Muitos pais se sentem inseguros em ajudar seus filhos, até porque dificilmente um adolescente pede ajuda – o mais provável é que tente resolver tudo sozinho. Essa síndrome de *superman* existe, é normal, pois nessa fase se inicia a construção dos próprios castelos de areia, das próprias regras e dos valores pessoais.

Recentemente recebi um e-mail de um pai que queria estar próximo do filho para ajudá-lo em suas tarefas de casa. Ele estava terminando o Ensino Médio e logo prestaria vestibular. Como pai dedicado, ele queria que o filho obtivesse bons resultados nas melhores universidades do país, principalmente em universidades públicas. Ele me disse que por várias vezes tentou ajudar o filho, que não estava permitindo, pois considerava a abordagem do pai uma invasão de privacidade.

Na vida, a regra "nem oito nem oitenta" contribui muito, e nesse caso não é diferente. Achar o meio-termo é o que resolve. Alguns pais parecem viver a oitenta por hora, estão sempre agitados e, quando cismam em ajudar, querem dar tudo de si: ficam em cima, de marcação cerrada, querendo oferecer o que têm de melhor. São ávidos em ajudar, colocam seu amor e experiência a todo vapor. Geralmente, são pais muito interessados na vida do filho, porém não reconhecem o limite entre a invasão de privacidade e o bom senso. Contribuir, como é o propósito deste livro, é ótimo, mas é preciso cuidado para não atrapalhar. Isso mesmo, excesso de ajuda atrapalha em vários sentidos, afinal adolescente nenhum se sente confortável com pais que insistem em estar sempre junto. Além disso, nenhum adolescente vai crescer com autoestima e autoconfiança se tiver pais que não o deixam fazer nada sozinho, inclusive acertar e, principalmente, errar.

É preciso estar junto, mas isso não significa estar o tempo todo de corpo presente; às vezes só a alma já ajuda. Muitos pais querem estar com o corpo presente nas baladas, com os amigos no clube, nas brincadeiras e nas viagens. Parecem querer aproveitar aquilo que não tiveram oportunidade de fazer em sua juventude ou querem estar junto para proteger e dar segurança. Tenho visto, ao longo de minha jornada como educador e orientador, que diversos pais estão fazendo as tarefas escolares dos filhos. Estudam junto, fazem as lições de casa enquanto os filhos ficam assistindo – isso acontece até com universitários! Muitos pais, inclusive, estão mais preparados para os vestibulares que os próprios filhos. Quando digo que é necessário estar junto significa criar estratégias novas em momentos apropriados.

Hoje, a maioria dos jovens está conectada à internet, seja para bater papo, para pesquisar temas de tarefas escolares, para fazer suas compras, pesquisar tendências e mais. Então, por que não começar por aí, aos poucos? Se você, pai, ainda não sabe nada sobre esse universo, que tal pedir ajuda a seu filho? Com certeza ele terá o maior prazer em ensinar, e é nessa hora que você começa a estabelecer uma maior conexão com ele. Aos poucos, peça a ele que mostre como faz suas pesquisas escolares, pegando algum tema do seu interesse. Estabelecida essa conversa, você ganhará o direito de questionar outros pontos importantes de sua vida, como a escolha de uma futura profissão. A mesma estratégia pode ser realizada com músicas e revistas de que os adolescentes e jovens gostam. Peça para escutar, demonstre interesse. Invada aos poucos o ambiente de seus filhos. Abrir a porta com tudo não funciona! É como bater de frente em um caminhão: o impacto é muito forte.

Outra estratégia que surte efeito é sair para comer um lanche, tomar um suco, somente você, pai ou mãe, e seu filho. Talvez na primeira vez não saia conversa nenhuma, mas pode ter certeza de que nas próximas vezes, com a confiança conquistada, seu filho ou filha vai sentir que esses momentos não são mais conversas de cobrança, mas a construção de uma amizade.

Temos sempre que nos lembrar de como os adolescentes se conhecem e estabelecem suas amizades. Elas não se dão por meio de cobranças excessivas, tampouco no primeiro momento. Precisa-se de tempo para confiar. Não estou dizendo que não haja necessidade de cobrança, mas acredito que ela deve aparecer depois da conquista, em um segundo momento. É necessário entender que você, em primeiro lugar, é pai; a amizade deve ficar em segundo plano. O inverso não funciona.

Cobre resultados

Não existe sucesso sem resultado, e não existe resultado sem dedicação. Essa é a premissa básica para quem quer se dar bem na vida. Muitos adolescentes e jovens acreditam que o sucesso pode cair do céu ou ser entregue na porta de casa pelo correio. Esse é um dos motivos que paralisa grande parte dos jovens.

Cansamos de ouvir discursos do tipo: "Fulano teve muita sorte, seu pai é rico e lhe proporcionou o que queria"; "A vida deu mais oportunidades a ele do que a mim". São várias as justificativas para não entrar em ação. Com isso, os pais se desgastam, perdem a vontade de ajudar, pois toda hora seu filho tem uma desculpa.

Eu entendo que ficar chamando a atenção a todo o momento para o mesmo assunto é complicado e cansativo, porém se você deseja um bom resultado do seu filho, encha-se de paciência. Essa regra não muda em outras instâncias: se você quer resultado de sua equipe no trabalho, quer que sua empresa cresça, que seus alunos progridam, você deve munir-se de muita energia.

Hoje, vários são os fatores que podem levar os adolescentes ao comodismo, principalmente se os pais costumam protegê-los demais, serem amigos demais. Boa parte deles tem uma vida paralela dentro da própria casa: são quartos equipados com computador, internet, televisão, telefone, celular, videogame. Isso tudo ajuda na preguiça.

Talvez você já tenha escutado do seu filho, quando lhe pediu para ver a inscrição do vestibular: "Vou ver depois na internet". Esse "depois" realmente fica para bem depois, e os pais também se esquecem de cobrar.

Uma boa saída para isso é o que chamamos no mundo corporativo de *feedback*, cuja tradução é resposta, reação a um estímulo. Assim, cabe aos pais cobrarem um *feedback* de seus filhos.

Não adianta pedir algo e depois não checar se foi realizado. Esse processo realmente é cansativo, mas funciona muito bem. Depois de um tempo, essa prática tende a se tornar rotina, e seu filho, com certeza, aprenderá a lhe dar uma resposta.

Tudo é uma questão de mudança de hábito. Um novo costume pode ser implantado num período de três semanas, desde que seja constante. Além do mais, ao utilizar essa técnica você não somente estará facilitando esse processo de cobrança como ensinando seu filho a agir em sua vida profissional.

Inicie hoje essa mudança. Reveja em que momentos você deve exigir um *feedback*. Cobre por isso, evite deixar as cobranças largadas.

coloque em prática!

Seja mais assertivo em sua comunicação: cobre com clareza, aponte o verdadeiro erro, mostre quando e como foi, faça seu filho enxergar claramente.

Implemente o sistema de feedback. Se você pediu a seu filho para pesquisar sobre as universidades que oferecem o curso que ele quer, cobre depois de alguns dias a tarefa realizada.

Ao fazer uma cobrança, procure mostrar o porquê dela. Só dizer "porque sim" não funciona. Os jovens procuram sempre saber a real necessidade das coisas.

Fale sobre dinheiro

Dinheiro. Esse é um dos maiores impasses no processo de escolha profissional. Muitas vezes, é a motivação para decidir entre uma carreira e outra, pois os jovens optam pela profissão que, teoricamente, lhes garantirá maiores salários.

Vivemos em um mundo completamente consumista; ter um bom celular, um carro novo, uma televisão de LED pode significar poder, e para os adolescentes pode representar um passaporte de entrada e aceitação em seu grupo social.

Ter dinheiro é maravilhoso, pois ele pode nos trazer muitos benefícios e prazeres. É importante pensar em conquistá-lo; a ignorância está em achar que ele resolve todos os problemas. Eu, pessoalmente, já vivenciei isso. Em 1988, perdi meu irmão mais velho, que na época tinha 21 anos. Foi mais uma vítima de câncer. Mesmo com todos os recursos que minha família disponibilizou – os melhores hospitais e médicos, viagem e cirurgia no melhor hospital de Nova York –, ele veio a falecer. Com isso aprendi que o dinheiro pode ajudar bastante, mas, de fato, não resolve.

Para se ter dinheiro é preciso sonhar, ter propósito de vida, acreditar. O dinheiro é consequência daquilo em que acreditamos e também vem na quantidade que desejamos. Costumo dizer que o dinheiro é importante para alimentar um sonho, afinal, para ele continuar vivo, é preciso haver investimentos e receita. Isso é muito diferente de fazer uma escolha profissional pelo dinheiro, o que infelizmente acontece na maioria dos casos.

O dinheiro pode comprar uma porção de coisas, mas não compra o que existe de mais valioso: saúde, paz, alegria, amizade, sabedoria e amor. Talvez você conheça alguém que tenha uma quadra de futebol em sua casa e não a utilize porque não tem amigos. Por outro lado, conhece alguém que só tem a rua para jogar bola nos finais de semana e está sempre acompanhado de amigos, com um lindo sorriso estampado no rosto. Talvez você conheça alguém com uma maravilhosa casa na praia, com toda a estrutura necessária, mas que não tem tempo para usufruir dela, enquanto há pessoas que não têm casa na praia, mas têm tempo para tomar sol na laje de casa, o que fazem com muito prazer. Isso é muito comum em todos os aspectos da vida, é só observar!

Se você for a uma escola particular e depois a uma escola pública na periferia, vai notar a diferença no prazer de viver, por mais problemas que a falta de estrutura pode ocasionar.

Para ter sucesso na vida não é necessário dinheiro, mas ter vontade de batalhar, gostar do que se faz, ter bons relacionamentos, ser compreendido, ser ouvido, ter valor – e nada disso o dinheiro compra.

Durante minha passagem como dirigente em um órgão público, pude me deparar com pais angustiados com a formação dos seus filhos em decorrência da estrutura oferecida pela escola pública, e muitas vezes fui questionado sobre a maneira como eles poderiam criar seus filhos para a vida. A resposta era sempre a mesma: você deve dar o exemplo; aproveite os pequenos momentos que tem com seu filho e torne-os mágicos. Aproveite-os para passar segurança a seu filho, para mostrar que você se importa com ele. Nada vai ser eficiente – salas de aulas bonitas, quadra poliesportiva, computador – se ele sentir que você não está ao lado dele; se ele não o vir como grande exemplo.

Inúmeros são os casos de pessoas que saíram da pobreza para brilhar no mundo, seja na dança, na música, no esporte; enfim, em diversas áreas. Basta fazer uma pesquisa rápida na internet ou ver os noticiários para perceber que o Brasil é um "celeiro de talentos" e que quase todos saíram de situações financeiramente desfavorecidas. Isso significa que seu filho não precisa somente de dinheiro para crescer, mas de apoio, de conversa e de sua confiança.

Apoio não significa somente bancar o seu sonho, mesmo que isso seja necessário; apoio significa acreditar que o sonho pode dar certo. Quantas entrevistas de jogadores de futebol profissional você já escutou, nas quais, ao final, atribuem sua conquista ao apoio dos pais?

Conversar muito. Esse é o grande trunfo para entender e se fazer entendido. Em muitas famílias, pais e filhos pouco se falam e, depois que algo dá errado, só conversam para se cobrar. A conversa deve acontecer constantemente, de forma sadia. Para tanto é importante ter a atitude de escutar, até mais do que falar. Isso é uma dádiva. A grande maioria das pessoas não tem paciência para ouvir o que o outro tem a dizer. Todo mundo quer falar de seus problemas, suas angústias, mas poucos estão dispostos a estar do outro lado, desempenhando o papel do ouvinte. Faça esse exercício com o seu filho. Escute-o e, depois, fale. Assim você criará um ambiente de harmonia e confiança, que é a palavra-chave para a autoestima do seu filho. Nenhum ser humano consegue crescer confiante se não tiver por inteiro a confiança dos pais. A confiança é uma espécie de porto seguro. Quem a possui segue em frente com convicção; quem não a tem passa a vida se questionando ou utilizando frases do tipo: "E se? Acho! Talvez".

Tenho certeza de que você deseja ver seu filho com muita confiança, batalhando por seus sonhos e, obviamente, ganhando dinheiro, para isso, você deve começar a conversar diariamente sobre esse assunto. Motive-o a ganhar dinheiro, mas como forma de recompensa ao seu esforço, dedicação e vontade de crescer.

coloque em prática!

Converse constantemente sobre dinheiro.

Passe a responsabilidade de cuidar do orçamento da casa para o seu filho, pois isso contribui para sua valorização e ensina-o a entender a importância de controlar os gastos.

Se seu filho insiste na ideia de escolher uma carreira em função do dinheiro que ela lhe trará, peça a ele que dê exemplos reais, concretos, de profissionais que estão ganhando dinheiro, e como estão fazendo isso. Essa é uma excelente estratégia para que seu filho visualize atividades que gostaria de desenvolver no futuro.

Não tenha vergonha de falar sobre dinheiro, principalmente dizer que é muito bom ganhá-lo. Somente seja claro nos porquês.

Ajude seu filho a administrar o tempo

Talvez uma das maiores façanhas do mundo moderno seja saber lidar com o tempo disponível. Parece que, com a chegada da tecnologia, criamos mais tarefas para o nosso dia a dia. O tempo parece ter encurtado, as pessoas têm cada vez mais a sensação de estarem sempre atrasadas. Na verdade, o tempo é o mesmo de sempre, ou seja, temos 24 horas no dia; o problema é que uma boa parcela da população não sabe administrar o seu próprio tempo, estabelecer prioridades e delegar. Se isso já é complicado para os adultos, imagine para os adolescentes.

Os jovens são especialistas em desorganização, salvo algumas exceções. Isso faz parte do seu momento. Aqui cabe uma pequena explicação dada pela neurociência: o córtex pré-frontal, encarregado de tarefas como planejar, decidir e organizar, só ganha maturidade e forma definitiva por volta dos 22 anos, o que impede muitos adolescentes, por mais que tentem, de se organizar sozinhos.

Outro ponto: ninguém já nasce sabendo administrar o tempo, pois essa é uma habilidade desenvolvida ao longo da vida. Na verdade, essa é uma habilidade, que deveria ser ensinada na escola desde cedo. Hoje muitas empresas investem fortemente em treinamento de administração de agenda para seus funcionários.

No final do Ensino Médio, o jovem tem uma porção de tarefas escolares a realizar: estudar para passar de ano; dar conta das lições de casa, dos trabalhos; ter tempo para estudar para o vestibular e outros exames, como o Enem. Alguns querem entrar para o curso técnico e necessitam de uma preparação específica. Outros juntam o cursinho preparatório com a escola. Ainda é preciso que sobre tempo para pensar e pesquisar sobre o futuro profissional – tudo isso sem contar, claro, a vida social. São muitos, e sérios, compromissos – perder-se nesse emaranhado de tarefas é muito fácil.

Muitos pais podem ajudar seus filhos a administrar essa confusão toda, principalmente os que já se organizam com mais facilidade. Para os que ainda não o fazem, vale aproveitar essa chance para aprender e organizar a própria vida, dando o exemplo. Não estou dizendo que os pais devem realizar tudo pelo filho, mas dar uma força na organização e na clareza das ações, ou seja, ajudá-los a planejar!

Apenas dizer para seu filho que ele precisa se organizar melhor para dar conta de todas as atribuições, principalmente nessa fase, não funciona. Como já coloquei anteriormente, espere o pico emocional positivo, aquele em que seu filho se apresenta muito feliz.

> *Cobranças fora de hora causam perturbações emocionais que podem interferir na vida mental e no sistema organizacional. Pessoas em estados emocionalmente negativos têm a cognição prejudicada, não absorvem facilmente as informações nem as processam devidamente. Indivíduos com emoções negativas muito fortes desviam a tensão para suas próprias preocupações. Quando as emoções dominam a concentração, o que está sendo soterrado é a capacidade mental cognitiva, que os cientistas chamam de "memória funcional", isto é, a capacidade de ter em mente toda a informação relevante para a execução de uma tarefa. À medida que somos motivados por sentimentos de entusiasmo e prazer, esses sentimentos nos levam ao êxito, ao reconhecimento de possibilidades e de capacidades.*

Existe no mercado uma porção de técnicas de administração de tempo; você pode adotar a que parece funcionar. Eu costumo adotar um médoto simples com meus clientes e alunos. Separo em primeiro lugar compromissos de tarefas, e depois as tarefas em prioridades (A, B e C).

COMPROMISSOS

São espaços de tempo maiores, como uma reunião (30 a 60 minutos), um estudo (60 a 120 minutos) ou uma visita à universidade para conhecer o curso e o campus (2 horas).

TAREFAS

São atividades pontuais, como dar um telefonema, avisar alguém de algo, fazer os trabalhos de casa (neste caso, determine também isso como um compromisso). Podem ser divididas em prioridades: A – Muito urgente, tem de ser resolvida hoje. B – Urgente, pode ser resolvida em 24 horas. C – Pode esperar 48 horas.

Você pode utilizar uma agenda impressa com seu filho ou criar essa dinâmica nas diversas agendas disponíveis nos computadores. A escolha é de vocês; o importante é funcionar!

Ao iniciar esse trabalho, incentive, aplauda cada pequena conquista. Como coloquei, se você não faz isso consigo mesmo, comece com seu filho. Esse é um bom momento para demonstrar interesse e dar exemplos produtivos.

coloque em prática!

Costumo dividir as metas semanalmente, como se estivesse fatiando um bolo em pedaços. Para que isso funcione, é preciso saber exatamente qual o objetivo final, aonde se quer chegar e o prazo para tanto. Use e abuse da tecnologia, lembrando que essa ferramenta faz parte de seu mundo. Esta agenda pode ser realizada em um editor de texto, como em programas de agenda, podendo ser compartilhada e divulgada pela internet.

A seguir, um exemplo prático de constituição de agenda e administração de tempo e foco:

OBJETIVO: *definir o curso e a faculdade;*

PRAZO: *final de outubro;*

METAS SEMANAIS: *entrevistar dois profissionais da área, pesquisar a grade curricular dos cursos.*

O ideal é expor esse planejamento em locais visíveis e de fácil acesso. Não se esqueça de que a coerência é muito importante. Se você quer realmente que seu filho tenha tempo e se organize, você precisa fazer isso também! Você já deve ter ouvido algo parecido de seu filho: "Por que só eu tenho que fazer?". Dê o exemplo, agende a data e o horário para vocês se encontrarem.

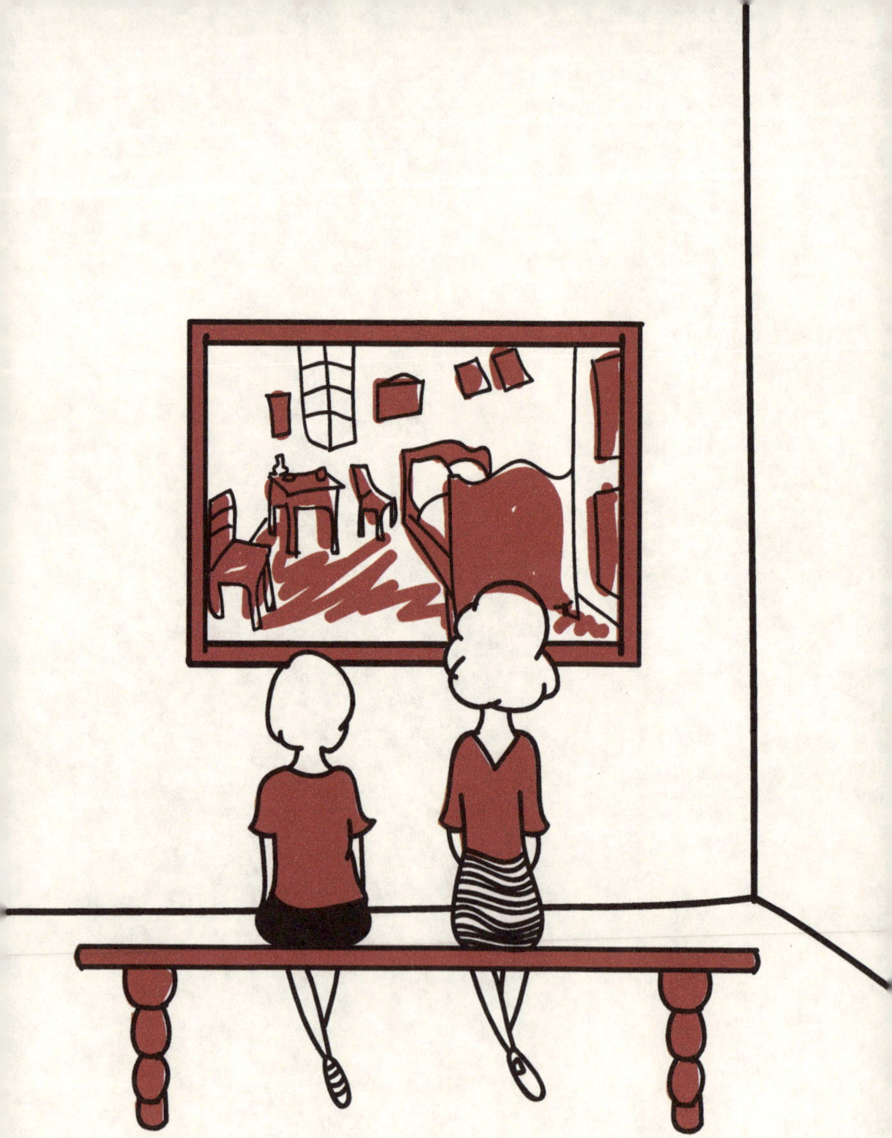

parte seis

Quatro formas de contribuir com a escolha profissional

"Faça-me um elogio e talvez eu não acredite em você. Faça-me uma crítica e talvez eu deixe de gostar de você. Ignore-me e talvez eu não o perdoe. Encoraje-me e eu nunca o esquecerei."

Willian A. Ward

Diversos pais ficam realmente perdidos no momento em que o filho vai prestar um vestibular e escolher uma profissão. Alguns se sentem inseguros, pois querem ajudar e não sabem por onde começar, enquanto outros não querem atrapalhar ou influenciar esse processo.

Durante anos de trabalho, desenvolvi um método exclusivo para ajudar os jovens nessa tarefa; trata-se de quatro etapas importantes para o amadurecimento vocacional. Tenho a certeza de que com essa mesma estratégia o seu desafio de contribuir será facilitado.

Porém, antes de fornecer algumas orientações, quero parabenizá-lo por essa iniciativa, a de ser um grande e inesquecível parceiro no sucesso do seu filho. Infelizmente, assistimos a um cenário cruel de pais que não têm tempo para nada e acabam perdendo a oportunidade de fazer uma grande diferença na vida de seus filhos. Outros pais até possuem o tão concorrido tempo, mas não querem se meter na vida dos filhos, ou talvez não saibam como proceder. Sendo assim, essa é sua chance de mudar o jogo, de participar sem influenciar, de contribuir sem interferir, de ajudar em vez de atrapalhar.

Ajude a desenvolver o autoconhecimento

O início do sucesso da grande maioria dos profissionais está no autoconhecimento. Para alguns, essa palavra pode parecer um pouco esotérica, mas para outros ela representa o trunfo para o crescimento. Você já deve ter percebido que existem pessoas muito boas no que fazem, que conseguem encantar as outras com muita facilidade, realizando vendas inacreditáveis, falando em público sem medo e liderando equipes de profissionais com facilidade. Elas descobriram o que possuem de melhor: o talento. Para conseguir esse nível de excelência só existe um caminho: o autoconhecimento. Uma grande parte das pessoas não investe nem cinco minutos semanais para pensar sobre o autoconhecimento ou desenvolvê-lo. Resultado: passam a vida frustradas, buscando o que realmente gostam.

Ninguém é capaz de chegar longe em sua profissão, carreira ou na própria vida pessoal se não souber com quais ferramentas pode contar. Todos somos munidos de alguns talentos, que eu chamo de ferramentas, as quais carregamos constantemente, como se andássemos com uma caixa cheia delas a tiracolo.

Descobrir um talento é importante não somente para apresentá-lo a outras pessoas, ou a alguma empresa, mas também para nos sentirmos mais capazes, e isso é uma questão de autoestima. Pessoas que reconhecem suas forças possuem autoestima elevada e facilidade de enfrentar situações difíceis, pois se tornam mais seguras, conhecem seus limites e suas fraquezas.

O talento de uma pessoa começa a despertar muito cedo. Uma parte advém da genética, e outra, do convívio social e cultural ao longo da vida. Vou exemplificar com a minha própria vida: sou pedagogo, amo o que faço, e parte do talento que tenho para ensinar e orientar veio de herança genética da minha mãe, enquanto a outra parte veio do convívio de muitos anos no ambiente escolar, como diretor pedagógico.

Você pode ajudar seu filho nesse processo do autoconhecimento. Trata-se de algo muito simples que não exige nenhum curso específico, tampouco a leitura de muitos livros. Um bom trabalho de observação e diálogo pode ajudar muito.

Anos atrás, um grande amigo, empresário, procurou-me. Ele estava muito preocupado com a opção de seu sobrinho, que queria cursar Cinema; a expectativa era que ele se dedicasse aos negócios da família. Questionado sobre os hábitos de seu sobrinho, ele reconheceu que o rapaz tinha um grande interesse pela arte, pois passeava em museus com os amigos, gostava de ir ao teatro, ao cinema e ler livros de autores consagrados. Passados alguns anos, encontrei-o novamente e soube que seu sobrinho já estava trabalhando em uma grande empresa de comunicação – e, o mais importante, motivado e feliz com sua escolha.

Nem sempre o próprio adolescente se apega aos detalhes como os descritos por meu amigo sobre seu sobrinho, por isso a sua participação é tão importante. Você pode guiá-lo nessa reflexão, extrair informações, aclarar os cenários por meio de um bom papo. O diálogo é um grande desencadeador de descobertas, pois, enquanto você conversa com alguém, vai descobrindo muitas particularidades a seu respeito. Alguma vez você deve ter tido uma sensação muito boa ao falar algo para alguém, ou dizer que gostaria de realizar algo – seus olhos brilharam, seu coração acelerou, você sentiu-se mais vivo. O mesmo pode acontecer quando escutamos algo interessante. Essa reação do organismo acontece quando tocamos em nosso ponto forte, em nosso talento.

Porém, cuidado com a dosagem de vontade em ajudar o seu filho. Boa parte dos pais, na ânsia de contribuir, acaba definindo o perfil do filho, a sua vocação. Provavelmente você já deve ter escutado algum pai dizer: "Meu filho nasceu para ser médico"; "Meu filho tem o dom de consertar carros, vai ser engenheiro". Com isso, muitos pais acabam fazendo a escolha por seus filhos sem perceber. Todo cuidado é importante, mas lembre-se: você quer ajudar, não interferir. Deixe que essa escolha seja feita por ele.

Eis algumas perguntas que podem ajudar no autoconhecimento do seu filho. Elas podem ser feitas a qualquer momento:

- O que você gosta de ler? Por que isso é importante para você?
- Você admira alguma profissão em particular? O que ela tem de interessante?
- Qual a matéria ou o conteúdo de que você mais gosta? Por que você acredita ter facilidade nesse assunto?
- Você está bem motivado hoje. Qual a razão?
- Estou sentindo que você está muito triste. O que o deixa assim?
- Notei que você tem facilidade com esta tarefa. Você concorda?

Realize pesquisas constantemente

Talvez essa seja uma das etapas mais importantes e constantemente negligenciadas pela maioria das pessoas. Pesquisar pode ajudar muito em um processo de decisão. Tenho visto muitas pessoas com dificuldade de decidir. Realmente, tomar decisões sempre exige suor, energia, entre outras coisas. Porém, toda a dor de um processo de decisão pode ser amenizada quando se realiza uma pesquisa, momento em que são avaliados dados, tendências e resultados.

Com a escolha profissional não é diferente: é preciso pesquisar muito. Como já falei em capítulos anteriores, nesse sentido não dá para exigir autonomia total dos adolescentes; é uma questão biológica. Mas você pode ajudar seu filho a validar suas opções profissionais, suas hipóteses sobre determinada ocupação, os cursos oferecidos, a melhor modalidade de ensino, as tendências do mercado de trabalho, o perfil dos profissionais do futuro.

Atualmente temos diversas fontes de informação. O número de publicações nas bancas de jornal e revistarias sobre esse tema aumentou significativamente nos últimos anos. Na internet há uma infinita gama de *sites* e *blogs* com informações. Outra estratégia é conversar com profissionais das áreas; talvez, até mesmo, um amigo ou um parente. Muitas universidades abrem suas portas aos vestibulandos, ficando à disposição em horários de visitação, sempre de forma orientada. As feiras de estudantes e profissões também devem fazer parte desse processo: em quase todos os estados brasileiros possuímos alguns eventos direcionados ao público jovem.

Uma das estratégias que gosto muito de utilizar com meus clientes é a entrevista profissional – uma forma de confrontar a realidade com aquilo que um adolescente tem em mente, aquilo que ele imagina ser. O foco desse trabalho é obter o máximo de informações a respeito da rotina de um profissional. Conhecer o mercado de trabalho, as tendências, o dia a dia profissional, o retorno esperado, o ambiente e os objetos de trabalho; tudo o que diz respeito à ocupação em si.

Por exemplo: não adianta saber informações teóricas sobre o mercado de engenharia sem que o aluno conheça o dia a dia de um engenheiro, ou as matérias oferecidas no curso superior de Engenharia. Não é raro encontrar universitários que desistem no primeiro ano de curso alegando que não tinham a mínima ideia do que iriam aprender, desconheciam totalmente a grade curricular. Isso é muito comum. Outro dado importante: é alto o nível de desistência nos cursos de tecnologia. O motivo? Boa parte dos alunos não gosta de estudar Matemática e Física.

É muito importante ajudar seu filho a fazer uma pesquisa mais ampla, planejada, direcionada. Para facilitar, você pode dividir a pesquisa em três pilares de informação e mercado:

a) Mercado de trabalho

Pesquisar os mercados de interesse, sua localização, expansão. Esse é um item relevante, pois diversas empresas estão abrindo filiais no mundo inteiro, o que significa que seus profissionais devem ter disposição para viajar e até morar em diferentes lugares. Analisar as tendências de mercado a médio e longo prazos é igualmente importante, pois muitos mercados são bem sazonais. Provavelmente enquanto você lê este texto algum setor da economia deve estar em alta, e outro em baixa, o que pode se inverter daqui a alguns anos.

b) Mercado educacional

Nos últimos anos, foram acrescentadas novas modalidades de ensino, com propósitos diferenciados. É importante pesquisar a modalidade em que se enquadra o curso de interesse (bacharelado/licenciatura/tecnólogo), a grade de horários, o programa de conteúdos, se os professores possuem experiência no ramo de atividade. Universidades têm optado por profissionais que estão no mercado de trabalho para ministrar as aulas, pois isso ajuda o aluno a contextualizar o conhecimento. É igualmente importante saber o nível de formação dos professores, qual a porcentagem de doutores, mestres e especialistas.

Um ponto a ser considerado é se a instituição oferece apoio aos formandos para as questões relacionadas à carreira e ao ingresso no mercado de trabalho. Esse movimento já é natural em instituições nos Estados Unidos, no Canadá e em parte da Europa. No Brasil, algumas instituições já apresentam bons projetos, porém ainda incipientes diante do número de universitários e da demanda de mercado.

A tradição conta muito no sistema educacional. Recentemente assistimos a um crescimento absurdo no número de universidades particulares, as famosas "Unis alguma coisa", que apresentam mensalidades baixas. Talvez você já tenha escutado alguém dizer: "Desconfie do que é dado". Esse ditado também serve para a educação. Bons profissionais cobram caro para ministrar seus cursos, pois sabem o valor de uma boa formação.

c) Rotina ocupacional

Talvez essa pesquisa seja uma das mais importantes, pois diz respeito ao dia a dia do profissional. Informações como a que horas ele acorda ou vai dormir; quantas horas trabalha por dia, semana, mês; se o trabalho requer muito esforço; se há necessidade de viajar etc., são imprescindíveis no momento da escolha da carreira.

A maioria dos jovens "peca" nesse quesito e acaba se iludindo com as aparências. Quantos jovens candidatos a atores e atrizes você conhece? Quantos jovens candidatos a músicos famosos? Iludem-se com o *status* que a profissão pode oferecer, mas se esquecem de pesquisar sobre os bastidores.

Confrontar a realidade, o dia a dia de cada profissão, é uma das estratégias que mais dão certo quando o assunto é orientação vocacional e profissional, pois por mais testes que se utilizem, por mais debates que sejam estabelecidos, é só na prática que realmente descobrimos o que, de fato, interessa e motiva.

Ajude a planejar e a agir

Certa vez, um homem chamou o elevador. Quando este chegou, a ascensorista perguntou "Para qual andar você vai?", e o homem respondeu: "Para qualquer um, já estou no prédio errado mesmo!".

Essa é apenas uma anedota, mas ilustra o que acontece com as pessoas que não sabem aonde desejam ir na vida, que não definiram seu rumo. Para elas, qualquer lugar serve! Provavelmente você já deve ter se deparado com pessoas que a cada hora estão em um emprego totalmente diferente, montando e desmontando negócios. Elas ainda não entenderam o conceito de "atmosfera", que já expliquei em capítulos anteriores. Para elas, o retorno financeiro é o alvo. Porém, passam a vida frustradas por não realizarem aquilo que desejavam.

Um sistema de objetivos e metas é muito importante para quem deseja o sucesso, principalmente no caso de um jovem que está terminando o Ensino Médio. Muitas são as etapas enfrentadas nesse momento: escolher uma profissão, estudar e passar em um bom vestibular. Alguns querem prestar concurso público, passar de ano na escola. É preciso, além de uma agenda bem organizada, como já vimos, um sistema de metas a serem cumpridas. Nessa hora é que você, pai, pode contribuir.

Quando temos grandes objetivos, o esforço vem na mesma intensidade, mas quando o objetivo é pequeno, o esforço diminui naturalmente. Uma das principais razões que levam as pessoas a estabelecer apenas pequenos objetivos é o medo do fracasso. Pensar em fracassar é totalmente paralisante.

O primeiro passo para ajudar seu filho é incentivá-lo a construir objetivos. Mostre a ele, por meio de exemplos, que isso é possível.

No Brasil, possuímos inúmeros casos de empreendedores que não tinham nada em suas vidas, estabeleceram grandes sonhos e conseguiram realizá-los. Sente-se com seu filho e pegue uma folha de papel. Peça a ele que liste tudo o que deseja, sem julgamento, seja na área financeira, profissional ou pessoal. Isso fará com que ele se sinta capaz de tomar parte de sua própria história.

O segundo passo é ajudá-lo a desenvolver um sistema de metas. Cada vez mais fica difícil apostar na sorte, ir fazendo as coisas de qualquer jeito, sem pensar. O sistema de metas segue uma regra básica: deve ser mensurável, ou seja, possível de ser medido. Um exemplo: coloca-se como meta emagrecer 10 quilos em quatro semanas. Assim, precisa-se perder 2,5 quilos por semana.

Se seu filho deseja passar em um bom vestibular, certamente deverá aumentar sua carga de estudos. Se gasta uma hora por dia estudando, sua meta deverá ser a de aumentar esse tempo para duas horas por dia, nos próximos meses, e para quatro horas no período pré-exames. Lembre-se: esse é só um exemplo!

Um dos sistemas de metas mais conhecidos é o SMART acrônimo, o qual você pode ter como modelo. Ele é formado da seguinte maneira:

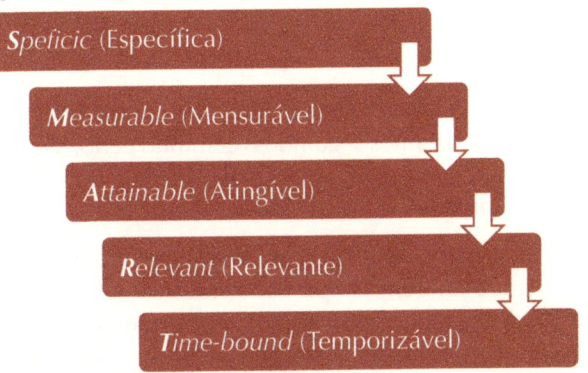

- **S**peficic (Específica)
- **M**easurable (Mensurável)
- **A**ttainable (Atingível)
- **R**elevant (Relevante)
- **T**ime-bound (Temporizável)

O terceiro passo é verificar se a escola está contribuindo com a organização e a escolha profissional, afinal ela também exerce um papel importante junto ao aluno. Porém, muitas vezes o que vemos são alunos à deriva em um mar de informações: aulas, provas, provões, simulados, visitas a feiras de estudantes.

Tenho observado que alunos que conseguem um bom resultado nos vestibulares atingiram um alto nível de organização diária e possuem um grande objetivo.

No mundo moderno em que vivemos, cheio de alternativas tecnológicas e de comunicação, é muito fácil perder a concentração, distrair-se com aquilo que não irá contribuir em nada com os objetivos traçados. Mas é preciso lembrar que os bons resultados em vestibulares são fruto de um alto grau de concentração.

É muito importante que os pais ajudem nesse processo, por mais difícil que pareça ser. Lembre-se de que o diálogo é sempre a melhor estratégia.

Promova a autoavaliação

Avaliar-se constantemente é uma das formas mais eficazes de sabermos se estamos seguindo o caminho certo, assim como se o que planejamos está sendo cumprido e o que estudamos está sendo aprendido.

Poucas são as pessoas que investem tempo em autoavaliar-se, e quando falo em tempo não estou dizendo que se deve passar o dia fazendo essa análise, mas que são necessários apenas vinte minutos semanais para realizar essa tarefa.

Com alguns minutos por dia os pais podem ajudar seus filhos nessa autoanálise. Boas perguntas levam a excelentes reflexões. Perguntar somente se o dia foi legal é muito diferente de perguntar o que o filho aprendeu.

A ideia da autoavaliação é promover reflexão na própria pessoa, para isso os pais precisam estruturar melhor sua forma de perguntar. Alguns pontos são importantes para saber se o que foi planejado e estabelecido com metas está sendo cumprido. Por exemplo, se um dos objetivos era passar em uma universidade pública, obviamente uma das metas deveria ser aumentar a carga de estudos. Nesse caso, não adianta perguntar somente para o seu filho se ele está estudando, pois essa é uma pergunta que já tem resposta pronta. O ideal é perguntar o que ele está aprendendo sobre Matemática. Não adianta perguntar se está preparado para fazer a prova; o ideal é perguntar, de 0 a 10, quanto ele se acha preparado para fazer a prova (sendo 0 = sem preparo e 10 = muito preparado). Não adianta perguntar se já decidiu qual curso deseja fazer; o ideal é perguntar qual o curso e em qual universidade deseja estudar.

É uma pequena mudança na posição da pergunta que vai gerar um alto grau de autoanálise. Todos nós possuímos a capacidade de responder a nós mesmos por nossas perguntas, mas no fundo temos um pouco de preguiça de pensar. Preferimos o caminho mais fácil. O papel dos pais nessa etapa é estimular, com perguntas inteligentes, mas tomando cuidado para não passar do limite e tornar-se um disparador de perguntas. Lembre--se de aproveitar os momentos de bom humor!

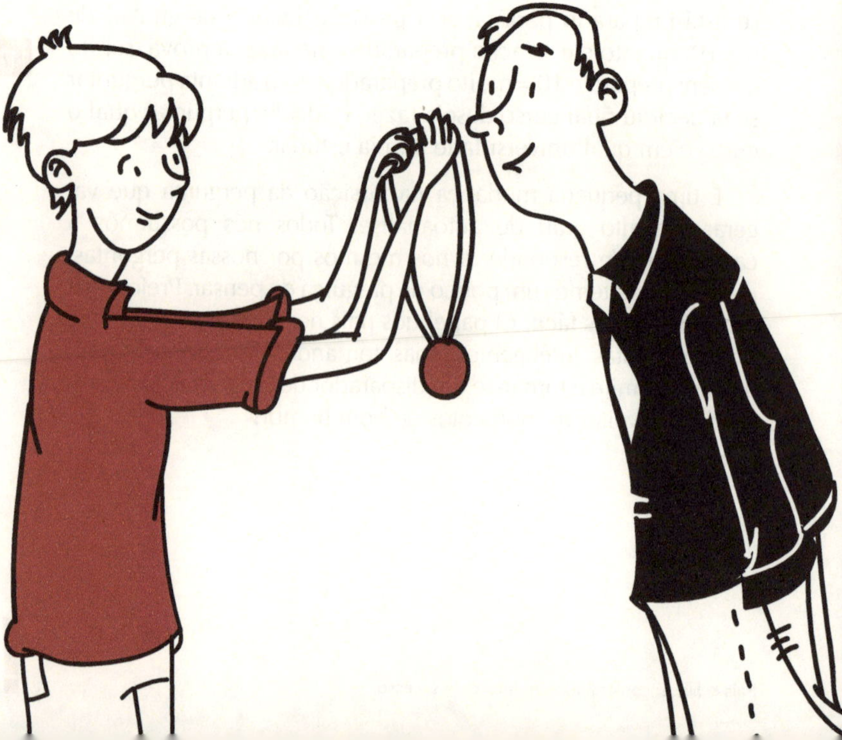

parte sete

Atitudes de pais
de sucesso

"*Um grama de exemplos vale mais que uma tonelada de conselhos.*"

Adágio popular

Até agora falamos muito sobre o sucesso dos filhos, mas esse sucesso está estritamente ligado à relação que eles possuem com o que chamo de "pais de sucesso". Esses pais possuem atitudes diferenciadas, sabem distinguir companheirismo de permissividade; conseguem dizer "sim" nas horas certas, mas também dizem "não" quando é necessário; acolhem, mas não mimam. Há alguns anos tenho estudado e observado o relacionamento entre as novas gerações e seus familiares, principalmente os pais, e seus resultados. Descobri que algumas atitudes, de uma grande parcela de pais, fazem total diferença na formação de seus filhos para a vida e para a carreira. São quatro atitudes às quais os pais devem ter total atenção, incluindo-as em seu dia a dia:

Atitude de vencedor

Hoje, grande parte das famílias é composta por pais que trabalham o dia inteiro. Em alguns casos, chegam a dobrar o turno, trabalhando à noite. Esse novo estilo de vida e de realidade familiar tem acarretado alguns problemas, dentre eles o de formar uma família mais estressada e cansada. Talvez você já tenha notado que, muitas vezes, ao chegar tarde em casa, falou para seu filho: "O papai está cansado, a vida está dura" ou "A mamãe trabalhou muito hoje, preciso descansar". É assim que nos sentimos após uma longa jornada de trabalho, não é mesmo? Mas note que não são esses os pais que seu filho espera.

Qualquer criança ou adolescente tem os pais como um espelho, um ser maior ao qual, além do respeito, tem muita admiração. Porém, nem o mais sensato dos filhos vai conseguir manter essa imagem do pai super-herói se ele vive reclamando. Vão carregar somente a imagem de um pai desanimado e perdedor.

Ser vencedor não significa somente ganhar, principalmente dinheiro, mas ter atitudes de vencedor. Um pai vencedor é aquele que fala com orgulho de seu trabalho, que faz questão de conversar, nem que seja por poucos minutos, com seu filho sobre o seu dia a dia, suas conquistas, seus erros e aprendizados. Um pai vencedor transmite um tom positivo sobre a vida, a importância de enfrentar e vencer barreiras. Apenas dizer que o dia não foi bom ou foi muito difícil não ajuda em nada, só atrapalha os sonhos de quem quer vencer.

Gostaria que você neste momento parasse um pouco a leitura e retornasse para as histórias dos profissionais que deram seus depoimentos neste livro. Você vai perceber verdadeiras histórias de pais vencedores.

Pais vencedores dão os melhores exemplos, não as melhores ordens. Canso de ver pais que estabelecem regras para os filhos, como horários para dormir, acordar, almoçar, mas quando estão juntos só demonstram atitudes de derrota. Só sabem cobrar, mas nunca retribuir. Falam mal da vida o tempo todo, do trabalho, dos amigos, de tudo!

Recentemente, conversando com um jovem, ele me dizia que não tinha mais prazer nenhum em se sentar à mesa com seu pai, pois ele só sabia reclamar da vida, colocar a culpa nos outros, falar mal dos colegas de trabalho, de sua rotina. Para o jovem, aquele não era o horário do almoço ou do jantar, mas a hora do horror.

É muito importante que os pais que realmente desejam ter filhos vencedores mudem o tom de suas conversas. Não estou pedindo para fantasiar que a vida é um "mar de rosas", como se costuma dizer no dito popular, mas que podemos passar nossas experiências aos filhos sem desacreditá-los, sem ferir sua autoestima, sua vontade de ser alguém, de seguir em frente e vencer.

Talvez essa seja uma das mais importantes ações dos pais, pois diz respeito à sistematização, à rotina e ao hábito de ter atitudes vencedoras. Provavelmente muitos pais, após lerem este livro, vão permanecer alguns meses motivados a mudar suas atitudes, seu tom de conversa com os filhos, porém eu sei que muitos farão isso apenas pelos próximos meses. O motivo é que temos a tendência a sempre permanecer na zona de conforto, ou seja, viver da forma que vivemos há tempos.

Atitude de treinador (*coach*)

Há alguns anos, tive contato com uma nova metodologia de desenvolvimento humano que chegava dos Estados Unidos, o *coaching*. Fiquei encantado com esse processo, pois realmente sua aplicação provoca mudanças efetivas. Provavelmente você já tenha escutado, lido ou visto nas telas da televisão a palavra *coach*, que significa "treinador". Essa "nova" filosofia não é tão nova assim, pois Sócrates já aplicava seus conceitos nos primórdios da nossa história. Mais recentemente, um *coach* de tênis, chamado Tim Galley, acabou dando um novo formato a esse conceito, transformando-o em uma ferramenta, em um processo moderno, hoje utilizado também por empresas no mundo inteiro. Agora é chegada a vez de a educação usufruir dessa maravilha.

Um bom treinador é alguém capaz de sistematizar seus treinamentos, acompanhar de perto a evolução de seus atletas, trazer a confiança necessária para que eles se desenvolvam.

Ele inspira, insiste, persiste, persevera junto e não desiste enquanto não obtiver resultados; deve ser um verdadeiro líder.

O que tenho visto é que muitos pais estão desistindo rapidamente dos seus filhos, mas não confunda desistir com abandonar. Estão desistindo do acompanhamento sistêmico, que inclui rotina e dedicação, atenção e persistência. Eles estão terceirizando a educação a profissionais especializados em acompanhar a vida acadêmica e social.

> *Uma grande amiga psicóloga certa vez me contou que ela cuidava de alguns alunos em tempo integral, levando-os para a escola e para sua clínica, na qual dispunha de alguns professores e outros profissionais que acompanhavam as lições de casa. Até aí, tudo bem, se não fosse sua atribuição de dar banho, jantar e levá-los de volta para seus pais.*

Talvez você não disponha de muito tempo livre para acompanhar seu filho em todas as atividades, e isso é compreensível, afinal você precisa trabalhar para oferecer o melhor a ele, mas é importante aproveitar os poucos momentos ao seu lado. Não é preciso treinar junto para formar um grande atleta, nem jogar pelo atleta para formar um grande time. No boxe, por exemplo, o treinador não sobe no ringue, assim como no futebol o técnico não entra em campo, e no atletismo o treinador não corre junto. Eles somente acompanham de perto a rotina de treinamento, determinam com os atletas os principais objetivos e metas, e os inspiram. Definem um planejamento e uma rotina de trabalho e acompanham os resultados e a evolução.

É um trabalho sistêmico, dia após dia, às vezes muito cansativo, mas que no final gera bons resultados. Talvez você esteja pensando que já tenha tentado contribuir dessa forma, mas sentiu que seu filho não lhe deu chance, fugiu do assunto, se trancou no quarto. É uma fase dura para os pais, não estou querendo fantasiar simplicidade nesse processo, mas, ao menos, peço que tente quantas vezes forem necessárias, invista. Um bom treinador acredita que pode ajudar, muda suas estratégias quando algo não funciona, persiste, corre atrás, conversa, dialoga, mostra interesse. Esse é o seu papel: desistir jamais!

Atitude de pai

Muitos pais parecem ainda não terem adotado a postura de pai, apesar de acharem que realmente são bons, mas continuam se comportando como o melhor amigo de seus filhos. Vão às baladas juntos, fazem tatuagem juntos, praticam esportes radicais juntos. Tudo isso é muito bom, aliás, eu sou um grande parceiro do meu filho quando o assunto é esporte. O que acontece é que muitos se esquecem de que são pais e que devem fazer algumas cobranças básicas que vão ajudar a construir o sucesso dos filhos. Nessa vontade de se tornar o melhor amigo, muitos pais acabam se esquecendo do seu verdadeiro papel: guiar, ensinar, aprender, aconselhar, dizer não.

Sabemos que são várias as mudanças ocorridas nos últimos anos e que o mundo se tornou um lugar nada fácil de se viver. E para que os filhos possam enfrentá-lo de maneira correta e corajosa, é imprescindível que eles descubram que podem ser eles mesmos, que podem construir seu futuro e contar com os pais como grandes apoiadores.

Muitos pais ainda têm dificuldade de dizer um não, de pedir para o filho realizar suas tarefas de casa, de mostrar que falar mal de alguém é errado, de pedir para tomar banho, de lembrar que é preciso almoçar ou jantar juntos, pois possuem a crença de que os filhos não irão mais admirá-los. Pelo contrário, a admiração de um filho pelo pai acontece quando ele sente que existem limites no relacionamento, interesse, troca, liderança espontânea. São esses parâmetros que o filho levará para a vida adulta.

Tenho conversado muito, em minhas palestras e atendimentos, com executivos e líderes, e a maioria é enfática em dizer que as novas gerações não sabem lidar com o limite hierárquico, que perderam o respeito. Isso vem atrapalhando muito a vida corporativa e a formação de novos líderes.

É importante parar e rever o seu papel de pai, analisar se você está ajudando seu filho a se preparar para a vida ou apenas oferecendo um grande momento de prazer. Todos nós queremos ver nossos filhos felizes, mas temos que ser exigentes em determinados momentos, pois é assim que a vida funciona e é dessa maneira que seu filho será cobrado posteriormente.

Há alguns anos eu tive contato com uma grande entidade filantrópica que realiza um trabalho maravilhoso com recuperação de dependentes químicos. Sua filosofia de trabalho é baseada no amor, mas também na exigência, e confesso que tomei emprestada essa filosofia para lidar com alunos e algumas pessoas em minha volta, principalmente meu filho. Amar é muito bom e necessário, porém igualmente necessário é exigir aquilo que é de dever e que fará diferença no futuro.

Atitude de educador

Muitos pais, hoje, enxergam a educação como uma simples matrícula numa escola. Mas não é tão simples assim. Educar é um ato diário quase que imperceptível a olho nu, que surge quando menos esperamos. Educamos através de um gesto, uma palavra, uma ação, um olhar. Educar é um momento bem direcionado, oportunizado. Isso significa que a qualquer instante você estará educando seu filho.

Numa manhã, enquanto eu seguia para o trabalho com meu filho de oito anos, freiei o carro para dar passagem a uma senhora que atravessava a rua fora da faixa de pedestre, a qual não existia por aquelas proximidades. Na hora, meu filho questionou: "Pai, por que você parou?". Expliquei-lhe a importância de darmos prioridade ao pedestre, mas ao mesmo tempo mostrei a ele o que era certo e o que era errado. Disse que aquela senhora não poderia atravessar a rua fora da faixa de pedestre sem olhar para os dois lados. Confesso que naquele dia senti, de maneira especial, em minhas mãos, a responsabilidade de educar meu próprio filho, mesmo depois de anos ajudando outros pais na educação dos seus filhos.

Quis dar esse exemplo para mostrar que é nos pequenos atos, e nos mais inusitados momentos, que podemos nos oferecer como educadores, mostrando aos nossos filhos o que é certo e o que é errado.

Muitos pais perdem a chance de ajudar na educação de seus filhos, pois acreditam fielmente que isso é papel restrito da escola ou de educadores formados. Um grande engano, afinal cabe aos pais a educação, e à escola, o ensino. Além disso, todos nós temos um pouco de educador, assim como temos um pouco de médico, de piloto de Fórmula 1, de técnico de futebol. Basta estar atento para utilizar esses dons nos momentos necessários.

Uma recente pesquisa mostrou que as novas gerações estão procurando empresas e líderes com os quais possam aprender e crescer. Nas escolas, os professores mais admirados são os que dedicam seu tempo, mesmo fora do horário de aula, para ensinar, contextualizar conhecimentos e oferecer apoio.

Ser um pai educador não é somente cobrar boas notas, boa pontuação no vestibular, mas é transformar a vida em um palco de aprendizados; transformar os poucos momentos em algo que os filhos carreguem para a vida toda. E se há algo que ninguém vai poder roubar dos seus filhos é o conhecimento.

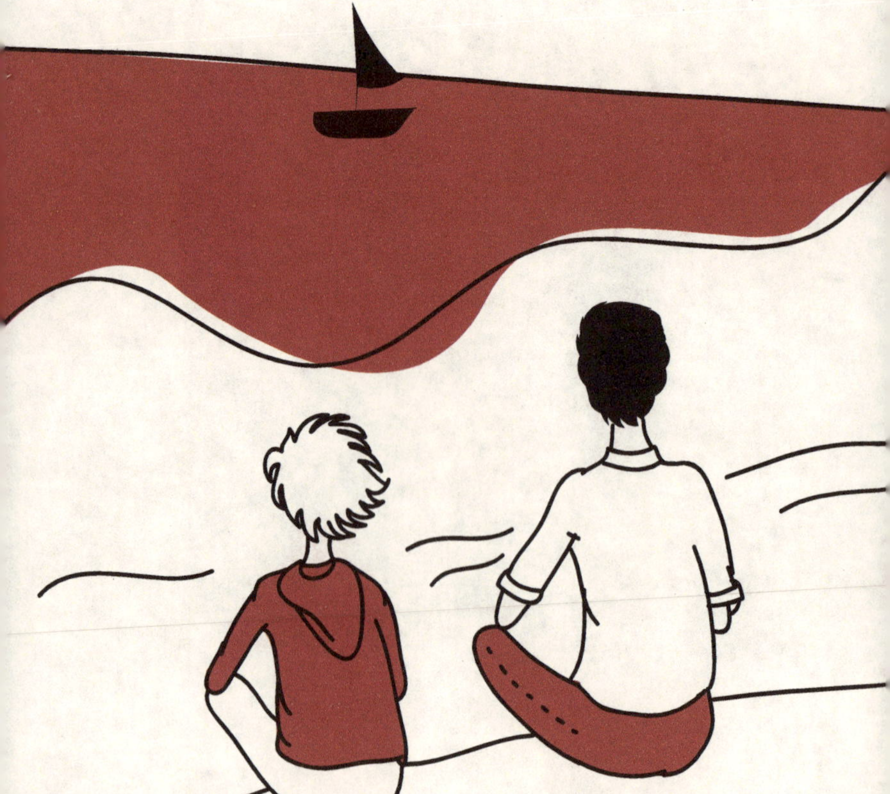

parte oito

A chance de ouro

> *O que sabemos é uma gota, o que ignoramos é um oceano.*

Isaac Newton

Aproveite este momento para ser admirado

Muitas pessoas trabalham a vida inteira para acumular riqueza, bens materiais, sucesso, mas depois, ao amadurecer, entram em depressão por se sentirem vazias. Esse sentimento de fracasso pode acontecer mesmo com aqueles que julgam terem conquistado tudo o que desejavam.

Isso acontece porque algumas pessoas levam a vida somente por um único caminho, o do sucesso profissional, e acabam se esquecendo de que a vida é feita de outros aspectos, igualmente importantes, que, se não alimentados no decorrer de sua história, criam verdadeiros buracos. Uma sensação de vida incompleta.

Você já deve ter escutado alguém contar que "fulano é muito rico e vive reclamando da vida" ou que "um parente que trabalha muito e tem muitas posses disse que não valeu a pena viver do jeito que viveu, pois deixou a família de lado e não acompanhou o crescimento dos filhos". Talvez você também se sinta assim, com saudades dos amigos, de praticar algum esporte, de ter um *hobby*, algo além do trabalho.

Esses sentimentos são comuns em pessoas que ainda não vivem sua vida de forma plena, que tiveram algumas conquistas, mas precisaram sacrificar as demais. Viver de forma plena é estabelecer um equilíbrio entre as partes que compõem a vida: trabalho, carreira, lazer, amigos, família, responsabilidade social, doação, religião. Faça um pequeno levantamento agora. Pare por alguns minutos e dê uma nota, de 0 a 10, para cada item, vendo o seu nível de conquista em cada área.

Provavelmente algum aspecto de sua vida estará perto do nível 0, muito baixo, o que significa que você deve prestar mais atenção a esse quesito e esforçar-se para melhorá-lo; caso contrário, correrá o risco de entrar para as estatísticas das pessoas infelizes.

Aposto que você não deseja que seu filho se sinta incompleto no futuro, então comece já a agir de maneira diferente, pois o seu exemplo poderá auxiliá-lo a equilibrar as prioridades em sua vida. Depois, explique a ele o que significa ter uma vida plena.

Como já vimos, o dinheiro, nessa fase de escolha profissional, conta muito. É comum pensar nele e almejá-lo, porém você deve ajudar seu filho a desenvolver a percepção da importância de outros fatores, principalmente a estrutura familiar.

Vivemos hoje em um mundo cada vez mais sem valores, e estamos cada vez mais propensos a não ficar perto das pessoas, da religião, da família. Nossas relações são mantidas somente no mundo virtual; basta analisar o enorme crescimento das redes sociais. Enquanto pais, aqui eu me incluo, temos que tomar cuidado para que essas instâncias não sumam de vez da vida de nossos filhos. É importante promover um almoço ou jantar em família, sair para passear em um parque, visitar parentes e amigos, rezar. Você deve promover esse hábito, e não esperar que seu filho dê o pontapé inicial. Em casa criamos o hábito de estarmos juntos no almoço; nada de almoçar na sala ou em frente da televisão. É o momento em que conversamos sobre o nosso dia e os projetos futuros. Meu filho não questiona mais – aliás, ele sente falta quando, por algum motivo, temos que almoçar fora de casa.

A construção de uma vida plena pode começar com o seu exemplo, com a sua vontade de mostrar a seus filhos que o que importa é ser feliz. Acumular bens, ter dinheiro, é importante, mas ter amigos, lazer e família é igualmente necessário para sua plenitude.

Qual pai não deseja ser admirado hoje e no futuro? Qual pai não deseja sentir que contribuiu para o sucesso dos filhos? Tornar-se admirado é uma arte que não exige conhecimentos técnicos, altos investimentos financeiros nem treinamentos especializados. É preciso haver uma nova reflexão, uma mudança de hábitos e atitudes, o que, para alguns, pode se tornar cansativo e difícil, pois exige uma transformação.

Seu exemplo sempre foi importante e influenciador para seu filho, e a partir de agora será ainda mais valioso. Engana-se quem acha que a missão está cumprida, pois ela só está reiniciando, chegando a uma nova fase. Você pode contribuir muito com o futuro do seu filho, mas tenha sempre em mente que não deve tomar as decisões por ele. Esse é um erro que muitos pais cometem, sendo mais adiante cobrados pela infelicidade dos filhos. Você, enquanto pai ou mãe, deve estar preocupado com a vida e a formação do seu filho, tentando descobrir, empiricamente, por meio de erros e acertos, qual o limite da educação para esse novo mundo. De fato, não existe uma cartilha específica que o ajude da melhor maneira possível, mas algumas atitudes são indispensáveis para contribuir com essa preparação. É preciso entender que criamos os filhos para a vida; não é que os entregamos como presentes, mas devemos prepará-los para enfrentar os desafios do dia a dia. Viver significa correr riscos, e a vida é para ser vivida com todos eles.

O medo faz parte da história do ser humano; ele é necessário. Existe uma regra muito interessante que diz: carregue o medo ao seu lado, pois se o carregar atrás correrá o risco de ser impulsionado por ele e passar a agir sem pensar, aumentando os riscos mais graves. Se o colocar à frente, ele fará com que você fique paralisado. A reação natural de qualquer ser humano, a qualquer indício de perigo, é proteger-se; como bons pais, fazemos isso por nossos filhos.

Gosto de relembrar um filme de grande sucesso dos anos 70, "O menino da bolha de plástico", que é baseado em fatos reais e conta a história de Tod Lubitch, garoto que nasceu com problemas graves no sistema imunológico, o que o obrigou a passar toda a vida isolado dos germes, em uma bolha de plástico, sem contato com o mundo exterior. Com a chegada da adolescência, Tod, interpretado pelo ator John Travolta, apaixona-se por sua vizinha e passa a querer viver em sociedade, enquanto espera que a ciência encontre a cura do seu problema.

Assim como no filme, você, sem perceber, pode estar construindo para seus filhos uma espécie de bolha, oferecendo toda a proteção, porém esquecendo que um dia ela vai estourar, mesmo contra a sua vontade. Os filhos crescem e percebem que existe um mundo lá fora, cheio de oportunidades, desafios e barreiras, os quais eles, provavelmente, terão dificuldade de enfrentar.

Muitos pais costumam despender muita energia quando os filhos ainda são pequenos; ficam grudados durante os primeiros anos e depois, ao longo do tempo, parecem perder o "pique" durante as fases mais importantes: adolescência e juventude, nas quais eles precisam ainda mais de apoio e orientação.

Nada pode justificar a ausência ou o excesso. Compensar as ausências com presentes, viagens e festas só servirá para impor valores improdutivos, que não agregam nada à vida de ninguém. O excesso de zelo também pode ser prejudicial, fazendo qualquer pai ficar cego.

O ideal é saber diferenciar o zelo do amor. Embora muitos pais acreditem que estão dando amor a seus filhos, não enxergam que quem ama diz "sim" e "não", pune quando tem que punir, compreende quando tem que compreender. Cansamos de assistir na televisão a cenas de pais defendendo filhos delinquentes com unhas e dentes, encobrindo os seus erros. É o zelo que transpõe o aceitável; é o zelo paranoico, que faz parte das novas doenças sociais. Isso serve também às novas concepções familiares: pais separados, casados com mais de uma família, homossexuais e pais de criação. Condição de filho continua a mesma: ele precisa de atenção, carinho, afago, orientação, respeito e limites.

Estamos vivendo numa era realmente diferente, na qual os modelos de educação recebidos dos familiares e das instituições de ensino até pouco tempo atrás poderiam dar certo, mas agora podem não mais funcionar. Provavelmente você, pai ou educador, deve estar se perguntando: "Será que realmente estou preparando meus filhos e meus alunos para os desafios da vida?".

Os adolescentes de hoje são ávidos por aprendizado e carentes de bons líderes, e você pode se tornar um, mesmo sem ter cursado um MBA em gestão de pessoas. Estou falando de um líder pai, aquele que realmente acompanha; sabe dizer "sim" e "não" nas horas certas; que vibra com as conquistas, por menores que elas sejam; orienta; conversa; dá atenção e serve de inspiração.

Aproveite essa fase para realizar um momento mágico na sua vida e na do seu filho. Eu tenho a certeza de que você se sairá melhor do que imagina e que conseguirá promover novos pensamentos e estratégias para dar conta dessa tarefa.

Se seu filho realmente constituirá uma carreira de sucesso, só o tempo dirá, mas você será lembrado com muito carinho e respeito pela contribuição em seu projeto de vida!

Ajude seu filho a se preparar para ter sucesso

Mais importante do que a escolha da futura profissão é estar preparado para, depois, enfrentar seus desafios e aprendizados que surgirem. Hoje, grande parte da população está insatisfeita com a sua profissão, segundo recentes pesquisas.

> *Uma recente pesquisa realizada pelos consultores Tower Watson apontou que 65% das pessoas se consideram desconectadas de sua organização, do seu trabalho, e não se sentem bem física e emocionalmente na empresa. Dos 28 países analisados no estudo, o Brasil foi o que apresentou maior concentração de desanimados. As consequências são desastrosas e perigosas para essas pessoas: depressão, fobia e síndrome do pânico.*

Mas por que não pensar sobre isto antes de escolher? Simplesmente porque depois pode ser tarde demais, e com certeza vai custar muito, tanto no bolso quanto no psicológico! Outras pesquisas demonstram que aumenta a cada ano o índice de pessoas com as chamadas doenças modernas, que mexem com o sistema emocional, como citado, fruto de uma vida profissional vazia, com dinheiro e sem propósito.

Toda escolha é um momento estressante, a adrenalina vai a mil. Para um jovem em fase de decisão profissional isso não é diferente, é ainda pior, pois, além da sensação de perda dos amigos e da estrutura do Ensino Médio, ele tem que escolher entre várias profissões e cursos, e ainda estar preparado para decisões futuras que irão impactar a sua vida.

Muitas correntes de pesquisadores defendem um tempo de amadurecimentos pós-conclusão do Ensino Básico, mais precisamente do Ensino Médio, e eu particularmente concordo. São poucos os casos em que o adolescente está maduro por completo para uma escolha que irá determinar boa parte de seu futuro. Mas a vida nem sempre anda na mesma velocidade dos nossos pensamentos e desejos. Hoje vivemos em plena aceleração do processo profissional, principalmente no quesito idade.

Se por um lado isso é muito bom, pois novas oportunidades estão sendo geradas para os mais jovens, por outro antecipou a entrada deles no mundo do trabalho. Em algumas empresas nem se cogitam mais os "cinquentões". Constantemente sou questionado pelos adolescentes, em minhas palestras, sobre os motivos dessa escolha ser tão precoce, e sou enfático ao dizer que eles foram antecipados por natureza.

Para preparar um filho para o sucesso profissional, primeiro os pais devem ter consciência dessa movimentação. Tenho visto muitos casos de pais que adiam a entrada de seus filhos no mundo do trabalho, pois acreditam que ainda não estão preparados o suficiente para dar conta do recado. Querem, assim, evitar o sofrimento. Porém, não existe sucesso sem dor, não existe aprendizado sem erro. Por mais que isso pareça um grande jargão, é a pura realidade. Talvez seu filho ainda não faça a escolha definitiva, mas é preciso que você o ensine a lidar com situações futuras.

Pais & filhos: construindo um futuro de sucesso

Demonstre companheirismo

Pode não parecer, mas a sua opinião é muito importante para o seu filho. Alguns pais podem estar se questionando: "Mas como, se meu filho nem me dá ouvidos?". Talvez isso seja verdade, mas mesmo assim tenha a certeza de que ele aguarda a sua participação em sua vida, de alguma forma. Talvez você me ache repetitivo quanto a essa questão, mas assim como estou sendo insistente nesse assunto, estou pedindo que você seja insistente nessa conquista.

Não pense que sua opinião será aceita de uma hora para outra, que bastará apenas bater na porta do quarto do seu filho e entrar. Você deve munir-se de muita paciência, pois esse processo pode demorar e ser doloroso. Os pais que obtêm os melhores resultados são sempre os que entendem a fase vivida por seus filhos e aprenderam como entrar de mansinho, conquistando um aperto de mão, depois um abraço, e finalmente entrando para o círculo de confiança. Existe uma grande diferença entre ter paciência e ser permissivo, e muitos pais se confundem nessa hora:

- Ter paciência é entender o momento vivido pelos filhos, mas não desistir, saber o que se deseja conquistar.
- Ser permissivo é cobrar uma vez só, virar as costas e ter a sensação de que aquilo que o filho escolher está bom.

Se você está sentindo dificuldade para se aproximar, mas ao mesmo tempo tem muita vontade de ajudar, porém não está sendo compreendido, talvez sua estratégia não esteja adiantando! Que tal experimentar novos caminhos para conquistar essa parceria?

No início muitos pais pecam porque não saberem o básico: elaborar boas perguntas, mais assertivas, diretas e claras. Com medo de serem retalhados pela violência verbal dos filhos, os pais dão voltas em sua conversa. Vá direto ao ponto: "Filho, quero muito lhe ajudar nesse processo de escolha profissional, o que você acha que eu posso fazer?". Deixe seu filho lhe indicar o melhor caminho. Inicie com uma pequena conquista.

Aos poucos, mostre mais o seu interesse em ajudar, traga um recorte de jornal com notícias de seu interesse, uma nota de revista, um *site* interessante; estabeleça o que chamamos de *Rapport*.

> *Segundo Anthony Robbins, um dos grandes especialistas no assunto, "Rapport é a capacidade de entrar no mundo de alguém, fazê-lo sentir que você o entende e que vocês têm um forte laço em comum. É a capacidade de sair totalmente do mapa do seu mundo e ir para o mapa do mundo dele. É a essência da comunicação bem-sucedida".*

Se por um lado existem pais que estão com muita vontade de ajudar, por outro existem aqueles que não dão a mínima para os filhos e chegam até a forçar uma independência antes de ela acontecer biologicamente, ou seja, antes de o adolescente ser capaz de lidar com a situação com maturidade. Muitos pais acreditam que a vida pode educar por si própria – quem já ouviu a frase: "A vida vai ensinar a ele!"? Mas, eu pergunto: e se a vida ensinar errado? Se ela mostrar os caminhos tortuosos? Por que temos que expor nossos filhos ao risco, se podemos contribuir para o seu sucesso?

Se você possui a grande chance de contribuir para o sucesso do seu filho, por que não fazê-lo? Não estou dizendo, novamente, para que você interfira ou faça escolhas por ele, mas que esteja ao lado dele, como apoio, com sua experiência e vivência.

Tenha certeza de que sua motivação e entusiasmo irão não só contagiar seu filho, mas também aqueles ao seu redor. Você se tornará admirado, um grande exemplo, e no futuro seu filho lhe agradecerá.

Desfrute da chance de ouro

Provavelmente, na segunda vez em que seu filho entrar na faculdade ou se formar, você não sentirá a mesma emoção vivida na primeira. A vida nos proporciona algumas chances, costumo dizer, de ouro, mas às vezes as deixamos escapar, pois acreditamos que aquele momento poderá se repetir. Isso até pode acontecer, mas existem algumas circunstâncias que são únicas: o primeiro beijo, a primeira namorada, o primeiro carro, o primeiro passeio de bicicleta sem rodinhas. São momentos não só inesquecíveis pela conquista, mas por toda emoção que os envolvem.

Uma vez escutei de um pai – aliás, de um grande amigo – que, se ele pudesse, voltaria atrás em alguns momentos da vida apenas para comemorar certas vitórias de sua filha. Como sua vida sempre foi repleta de trabalho, reuniões e viagens, ele havia perdido alguns momentos importantes. Fui claro em lhe dizer que ainda era tempo de recuperar esses sentimentos e emoções, até porque sua filha estava se preparando para o vestibular.

Pedi que listasse quais seriam as novas conquistas de sua filha nos próximos anos. Por alguns instantes ele ficou parado, com os olhos voltados para cima, em postura de quem está visualizando o futuro, e aos poucos começou a ditar: terminar o colégio, passar no vestibular, depois viria sua formatura e o primeiro emprego. E ainda brincou: talvez o casamento e os meus netos.

Viu só quanta coisa ainda havia a ser brindada? Percebe quanta chance de ouro a vida ainda poderá lhe dar? Então, por que não aproveitar? Passamos muito tempo remoendo momentos que realmente não voltam e nos esquecemos de que há ainda muita coisa para acontecer. Há pessoas que têm medo de pensar à frente por vários motivos: medo do envelhecimento, fobia da velocidade do tempo, envelhecimento do corpo – hoje muitas pessoas primam por uma vida de qualidade e quase sempre ligada a questões de estética; sendo assim, pensar no futuro, já velhinho, incomoda muito.

Certamente você já ouviu alguém dizer: "Já tive tudo o que a vida poderia ter me dado; se eu me for hoje, estarei contente!". Acho ótima essa gratidão, mas não pode significar que as coisas estão no fim, que a vida já lhe pagou de forma justa. Devemos sempre querer mais, no bom sentido. Não se trata de ganância, somente de uma vontade absoluta de viver. Se olharmos ao nosso lado – para os filhos, amigos, parentes queridos, familiares, pai, mãe, avós –, vamos ver que existe muito a comemorar, que muitas emoções e conquistas ainda estão por vir. Então, por que ficar paralisado pelo que já passou?

Adoro a expressão popular "bola pra frente"! E é isso mesmo, o chute deve ser dado sempre para frente, em direção ao gol do adversário, e nunca para trás! Daqui em diante espero que você passe a comemorar todas as chances de ouro que ainda estão por vir junto com seu filho, participando, mesmo que por alguns momentos, mas fazendo parte com seu envolvimento e atenção, com dedicação e amor, com vontade. De nada adianta comemorar que seu filho passou no vestibular se você não acompanhou sua preparação; de nada adianta comemorar a formatura dele se você não contribuiu para seus estudos ou seu crescimento. Aproveite os momentos em seus detalhes, construa junto, chore e fique feliz. Aproveite cada momento de ouro.

referências bibliográficas

ANDRADE, T. D. A família e a estruturação ocupacional do indivíduo. In LEVENFUS, Rosane. *A psicodinâmica da escolha profissional*. Porto Alegre: Artes Médicas, 1997.

BENCH, Marcia. *Career coaching:* a insider's guide. Portland: High Flight Press, 2008.

BOHOSLAVSKY, Rodolfo. *Orientação vocacional*: a estratégia clínica. São Paulo: Martins Fontes, 1998.

BUCKINGHAM, Marcus. *Empenhe-se! Ponha seus pontos fortes para trabalhar*: 6 passos decisivos para alcançar a máxima performance. Rio de Janeiro: Elsevier, 2008.

FILOMENO, Karina. *Mitos familiares e escolha profissional*: uma visão sistêmica. São Paulo: Vetor, 1997.

FIGUEIREDO, Ana Beatriz Freitas. *Orientação profissional*: o caminho das possibilidades. Rio de Janeiro: Qualitymark, 2003.

FRAIMAN, Leo. *Guia prático do amadurescente*: da escola para a vida adulta. São Paulo: Edição própria, 2004.

KRAUSZ, Rosa R. *Coaching executivo*: a conquista da liderança. São Paulo: Nobel, 2007.

LEAL, Ruy. *Condutores do amanhã*: jovens que entram e dão certo no mercado de trabalho. São Paulo: Saraiva, 2009.

influênciapositiva

LUCCHIARI, Dulce Helena Penna Soares. *Pensando e vivendo orientação profissional*. São Paulo: Summus, 1993.

MACEDO, Gutemberg B. de. *Carreira*: que rumo seguir? São Paulo: Gente, 2005.

MELLO, Fernando Achilles F. *O desafio da escolha profissional*. Campinas: Papirus, 2002.

MINARELLI, José Augusto. *Empregabilidade*: o caminho das pedras. São Paulo: Gente, 1995.

PAULA, Maurício de. *O sucesso é inevitável*: coaching e carreira. São Paulo: Futura, 2005.

PENTEADO, José Roberto Whitaker. *Cartas a um jovem indeciso*. Rio de Janeiro: Elsevier, 2007.

SKIFFINGTON, Suzanne. *Behavioral coaching*: how to build sustainable personal and organizational strength. Austrália: Mc Graw-Hill, 2003.

WHITMORE, John. *Coaching para performance*: aprimorando pessoas, desempenhos e resultados. Competências pessoais para profissionais. Rio de Janeiro: Qualitymark, 2006.

maurício sampaio

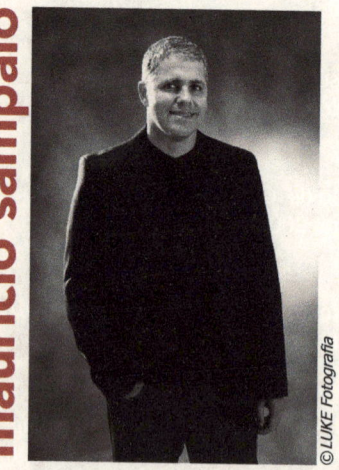

© LUKE Fotografia

Maurício é empresário, educador, *coach*, especialista em orientação educacional e vocacional. Diretor pedagógico da Tutores Santana. Pós-graduado em educação pela Pontifícia Universidade Católica de São Paulo - PUC. Especializado em Marketing Pleno pela Madia Marketing School. Especializado em Pensamento Estratégico e Gestão de Pessoas pela Fundação Getulio Vargas - FGV. Formado em *Leader & Executive Coaching*, com reconhecimento pelo *Behavioral Coach Institute* e pelo International Coaching Counsil - ICC.

Exerceu o cargo de Coordenador de Programas para Juventude do Governo do Estado de São Paulo. Atualmente, é coordenador do grupo Juventude e Carreira da AAPSA (Associação Paulista dos Gestores de Pessoas); membro da ABOP - Associação Brasileira de Orientação Profissional; autor do projeto social Rumo Profissional, que ajuda jovens no desenvolvimento de seus projetos de vida; colaborador do *blog* Juventude, da Revista Exame; palestrante e *coach* com mais de 5.000 horas de atendimentos a adolescentes, jovens, pais e líderes. Maurício é, ainda, autor do livro *Escolha Certa*.

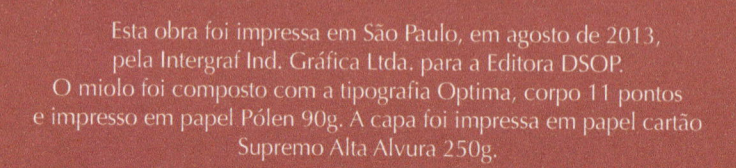

Esta obra foi impressa em São Paulo, em agosto de 2013,
pela Intergraf Ind. Gráfica Ltda. para a Editora DSOP.
O miolo foi composto com a tipografia Optima, corpo 11 pontos
e impresso em papel Pólen 90g. A capa foi impressa em papel cartão
Supremo Alta Alvura 250g.

dsop